TAGESSCHAU & CO.

Wie Sender und Redaktionen Nachrichten machen

SARAH WELK

Illustrationen
von Dunja Schnabel

arsEdition

INHALT

NEWS
NEWS

VORWORT

Morgen für Morgen klingeln rund um den Erdball unzählige Wecker und Milliarden Menschen würden sich am liebsten noch einmal im Bett umdrehen. Manche von ihnen liegen in der 99. Etage eines Hochhauses und gucken dabei mit einem Auge über ein Häusermeer. Einige erwachen in einer kleinen Hütte, die dämmrig ist und gar keine Fenster hat. Aber eines verbindet alle: Keiner weiß, was dieser neue Tag bringen wird.

Du selbst findest auf dem Weg zur Schule vielleicht einen 100-Euro-Schein, der einfach so an der Bushaltestelle liegt. Ein Kind am anderen Ende der Welt kann gar nicht erst aus dem Haus gehen, weil draußen ein Taifun tobt und es so stürmt, dass sogar Kühe durch die Luft fliegen. Ein Minister fährt versehentlich mit dem Fahrrad an eine Laterne, weil heute über sein neues Tierschutzgesetz abgestimmt wird und er so aufgeregt ist. Und zwei Straßen weiter beißt gerade ein Matrose einen Polizeihund. (Ob du es glaubst oder nicht: Genau das ist tatsächlich schon einmal passiert. Die ganze Geschichte findest du auf Seite 50.)

Wenn du dann aber Nachrichten auf deinem Handy liest, im Fernsehen *logo!* schaust oder vielleicht mit deinen Eltern die *Tagesschau* ansiehst, dann wird dort immer nur ganz wenig von dem erwähnt, was den ganzen Tag über geschehen ist. Aber warum ist das so? Wer sucht das aus? Und wie? Stimmt eigentlich immer alles, was die Nachrichtensprecher vorlesen? Was machen die, wenn sie während einer Sendung plötzlich Schluckauf oder einen Lachanfall bekommen? Und geben sie den Zuschauern vielleicht sogar manchmal geheime Zeichen?

Fragen über Fragen. Alle Antworten findest du in diesem Buch.

PS: Beim Lesen fällt dir vielleicht auf, dass es an ziemlich vielen Stellen um die *Tagesschau* geht. Das liegt daran, dass die Autorin dort lange Zeit als Journalistin gearbeitet hat und sich da deshalb besonders gut auskennt. In anderen Nachrichtenredaktionen in Deutschland geht es aber sehr ähnlich zu, denn die Grundregeln sind fast überall gleich. Und zwar ganz egal, ob die Journalisten Nachrichten für Zeitungen, fürs Radio oder fürs Internet machen.

PPS: Und bevor es jetzt endgültig losgeht: Es gibt Journalistinnen, Journalisten, Kanzlerinnen, Präsidenten, Redaktionsleiterinnen, Kamerafrauen und Maskenbildner. Damit das Buch besser zu lesen ist, wird das nicht jedes Mal wieder ausdrücklich erwähnt. Wenn also irgendwo »Journalistinnen« steht, sind Journalisten natürlich auch gemeint und andersherum. Und wenn ihr auf Seite 115 das Wort »Putzmann« findet: Es hätte auch eine Putzfrau sein können, die versehentlich während der Sendung ins *Tagesschau*-Studio marschierte, um den Mülleimer auszuleeren und so ungewollt ein bisschen berühmt wurde.

NACHRICHTEN – WAS IST DAS EIGENTLICH?

Du kommt nach Hause und auf dem Küchentisch liegt ein Zettel: »Bin kurz einkaufen. Kuss Mama. PS: Ist in deinem Zimmer etwas explodiert? Bitte aufräumen!« Auf dem Weg durch den Flur piept dein Handy: »Kann nicht kommen, muss Mathe lernen. LG Anna.« Du schaltest den Fernseher im Wohnzimmer an: »Willkommen zu euren *logo!*-Nachrichten!« Du bist also gerade erst fünf Minuten da – und schon hattest du dreimal mit Nachrichten zu tun. Denn eigentlich bedeutet das Wort nichts anderes, als dass Informationen von einem Menschen zum anderen kommen.

Und trotzdem ist Nachricht nicht gleich Nachricht. So würden sich die Leute vor dem Fernseher wahrscheinlich sehr wundern, wenn der Nachrichtensprecher plötzlich den Zettel deiner Mutter vorlesen würde. Denn der ist nur für dich interessant. Nachrichten im Fernsehen, im Radio, in der Zeitung oder im Internet sehen, hören oder lesen hingegen sehr viele Menschen.

Was macht eigentlich ein Nachrichtenjournalist?

Nachrichtenjournalisten arbeiten beim Fernsehen, beim Radio, bei einer Zeitung oder in Internetredaktionen. Dort wählen sie täglich aus, über welche Neuigkeiten berichtet wird. Außerdem überprüfen sie, ob wirklich alles stimmt, und schreiben anschließend möglichst neutral und sachlich auf, was passiert ist. Zusätzlich kümmern sie sich um Erklärstücke. So nennt man Beiträge, in denen die Hintergründe komplizierter Themen möglichst einfach erklärt werden.

Nachrichtenübermittlung in früheren Zeiten

Für Nachrichtenjournalisten gibt es deshalb zwei besonders wichtige Fragen. Als Erstes überlegen sie sich, welche Themen nicht nur für wenige, sondern für viele Menschen auf einmal wichtig oder spannend sind.

Danach denken sie darüber nach, ob das Thema wirklich neu ist. Denn in den Nachrichten sollen nur Dinge vorkommen, die gerade erst passiert sind oder die bis vor Kurzem geheim waren. Dank Handy und Internet dauert es heute übrigens oft nur wenige Sekunden, bis Journalisten von Neuigkeiten erfahren. Früher war es viel langwieriger und mühsamer, Nachrichten zu übermitteln.

RAUCHZEICHEN

Schon vor langer Zeit verständigten sich Menschen über weite Strecken – z. B. per Rauchzeichen. Wollten sich etwa verschiedene Indianerstämme etwas mitteilen, zündeten sie ein Feuer an. Wenn es ordentlich qualmte, hielten sie in unterschiedlich langen Abständen eine Decke darüber. Es stiegen also mal große, mal kleine Rauchwolken in den Himmel. Eine bestimmte Kombination bedeutete dann z. B.: »Achtung! Büffelherde im Anmarsch!«

TROMMELN

Auch mit Trommeln kann man Nachrichten übermitteln. Auf diese Idee kamen Dschungelvölker bereits vor Hunderten von Jahren. »Lang-lang-kurz« bedeutete dann z. B. etwas anderes als »kurz-kurz-lang«. Die Dörfer im Wald lagen oft kilometerweit auseinander – trotzdem erfuhren die Bewohner auf diesem Weg schon früh, wenn Besucher unterwegs waren oder eine Elefantenherde durch den Urwald trampelte.

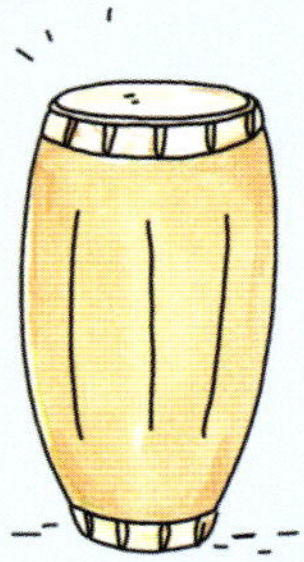

BRIEFTAUBEN

Bereits seit Jahrtausenden lassen Menschen Brieftauben fliegen, um Nachrichten zu überbringen. Denn Brieftauben haben eine besondere Eigenschaft: Sie finden immer nach Hause, auch wenn sie Hunderte Kilometer entfernt ausgesetzt werden. Wenn z. B. Soldaten im alten Rom in weit entfernten Regionen Krieg führen mussten, nahmen sie oft Brieftauben mit. Dort befestigten sie dann Zettel am Rücken oder Fuß der Taube und ließen sie frei. Brieftauben können bis zu 1000 Kilometer weit fliegen und schaffen dabei bis zu 120 Kilometer in der Stunde. Warum die Tauben immer den Weg finden, ist bis heute nicht ganz klar.

WO INFORMIEREN SICH DIE MENSCHEN AM LIEBSTEN?

Wer wissen will, was in der Welt eigentlich gerade passiert, kann Nachrichten im Fernsehen und Radio einschalten, sie im Internet suchen oder die Zeitung aufschlagen. Doch was davon machen die Menschen in Deutschland eigentlich am liebsten? Wissenschaftler haben herausgefunden, dass die meisten Kinder und Jugendlichen sich im Fernsehen informieren. Auf Platz zwei landeten Radio-Nachrichten, allerdings mit großem Abstand. Internet und Zeitungen kamen auf Platz drei. Bei Erwachsenen ist die Reihenfolge übrigens genauso.[1]

Aber welche Nachrichtensendungen schalten die Menschen besonders oft ein?[2] Die Plätze eins bis drei unter Erwachsenen und den Platz eins für Kinder findest du auf den nächsten Seiten.

Mach doch mal den Test!

Insgesamt leben in Deutschland rund 80 Millionen Menschen. Um dir vorzustellen, wie viele Menschen die *Tagesschau* um 20 Uhr jeden Tag schauen, zähle doch morgens einfach mal alle Leute, die dir begegnen. Ungefähr jeder Achte hat die Sendung gesehen. Und fast alle Menschen in Deutschland wissen zumindest, wann sie anfängt. Frag doch mal deine Eltern, Lehrer oder Großeltern!

1 Alle Literaturhinweise, Quellenangaben und Anmerkungen sind mit Ziffern gekennzeichnet und werden auf S. 122 ff. aufgeführt.

PLATZ 1:

Die Tagesschau

»Guten Abend, meine Damen und Herren« – mit diesen Worten beginnt jeden Abend um Punkt 20 Uhr die *Tagesschau*. Sie ist die beliebteste Nachrichtensendung in Deutschland und wird Tag für Tag von rund zehn Millionen Menschen gesehen.

15 Minuten lang geht es knapp und sachlich um die wichtigsten Ereignisse des Tages. Wurden neue Gesetze verabschiedet? Gab es Streit zwischen Parteien? Hat sich irgendwo auf der Welt eine Naturkatastrophe ereignet? Die Meldungen werden von Redakteuren geschrieben und anschließend von einem Sprecher in der Sendung vorgetragen. Früher haben das oft Schauspieler gemacht. Das hat sich inzwischen zwar verändert, doch noch immer dürfen die Sprecher nur genau das vorlesen, was ihnen die Kollegen hinter den Kulissen vorher aufgeschrieben haben – und zwar so neutral und sachlich, wie nur irgend möglich. Zudem laufen in der Sendung kurze Filmberichte, in denen noch einmal gezeigt wird, was passiert ist.

Die *Tagesschau* ist nicht nur die meistgesehene, sondern auch die älteste deutsche Nachrichtensendung. Sie läuft schon seit 1952, am Anfang aber nur dreimal pro Woche. Damals hatten viele Leute noch keinen Fernseher, pro Sendung sahen nur etwa 1000 Menschen zu. Es gab auch nur einen einzigen Redakteur: Martin S. Svoboda. Der tippte die Nachrichtentexte in seine private kleine Reiseschreibmaschine und brachte die Filme mit dem Fahrrad oder der U-Bahn ins Studio in Hamburg.

Was er wohl sagen würde, wenn er wüsste, dass inzwischen mehr als 150 Redakteure im Schichtdienst 24 Stunden lang täglich zahlreiche *Tagesschau*-Ausgaben produzieren? Denn außer der 20-Uhr-Sendung gibt es von frühmorgens bis spät in die Nacht viele weitere Ausgaben. Zudem kümmern sich die Journalisten auch noch um die *Tagesthemen*, das *Nachtmagazin*, den Infokanal *tagesschau24* und zahlreiche Beiträge für das Internet- und Social-Media-Angebot von *tagesschau.de*.

PLATZ 2:

heute

»Guckst du heute *heute*?« Was im ersten Moment wie eine Scherzfrage klingt, war ausgerechnet am 1. April 1963 ernst gemeint. Denn an diesem Tag ging das ZDF auf Sendung und begann auch gleich, eine eigene Nachrichtensendung auszustrahlen. Weil in ihr – wie auch in der *Tagesschau* – alle wichtigen Ereignisse des Tages gezeigt werden sollten, nannten die Erfinder sie *heute*.

Sonst aber wollten sie einiges anders machen als »die alte Tante *Tagesschau*«, die bis dahin ja mehr als zehn Jahre lang die einzige Nachrichtensendung im deutschen Fernsehen gewesen war. Die ZDF-Journalisten fanden sie oft zu schwer verständlich. Deshalb sollten in *heute* mehr Filme gezeigt und weniger Meldungen vorgelesen werden. Und um möglichst viele Menschen dazu zu bringen, statt der *Tagesschau heute* anzusehen, dachten sie sich noch einen Trick aus: Statt um 20 Uhr gingen sie schon um 19.30 Uhr auf Sendung. Sie hofften, dass die Menschen immer das Programm anschalten würden, in dem sie Neuigkeiten zuerst erfahren.

Das klappte zwar nicht so gut wie gedacht, aber die Zuschauer mochten die Sendung trotzdem so gerne, dass sie noch immer im Fernsehen läuft. Sie kommt an 365 Tagen im Jahr und wird von etwa halb so vielen Menschen eingeschaltet wie die *Tagesschau*. Das klingt wenig, ist aber ganz schön viel: Jeden Abend schauen etwa vier Millionen Zuschauer zu, wenn – inzwischen schon um 19 Uhr – die Anfangsmusik

beginnt. Damit landet *heute* auf Platz zwei aller Nachrichtensendungen, die am frühen Abend laufen. Spätabends ist es übrigens umgekehrt: Da schauen mehr Menschen das *heute-journal* im ZDF und etwas weniger die *Tagesthemen* im Ersten Programm.

heute hat sich über die Jahrzehnte verändert. Viele Dinge sind aber noch immer anders als bei der *Tagesschau* um 20 Uhr. Der wichtigste Unterschied: In der *heute*-Sendung werden die Meldungen nicht einfach vorgelesen. Stattdessen präsentiert ein Redakteur die Sendung, also ein Journalist, der sich sehr gut auskennt und seine Texte selbst schreibt. Er darf in der Sendung mehr erklären und die Zuschauer direkt ansprechen.

Auch beim ZDF in Mainz arbeiten inzwischen Dutzende Journalisten daran, die Menschen von früh bis spät mit *heute*-Neuigkeiten zu versorgen – sowohl mit zahlreichen Sendungen im Fernsehen als auch mit einem großen Onlineangebot.

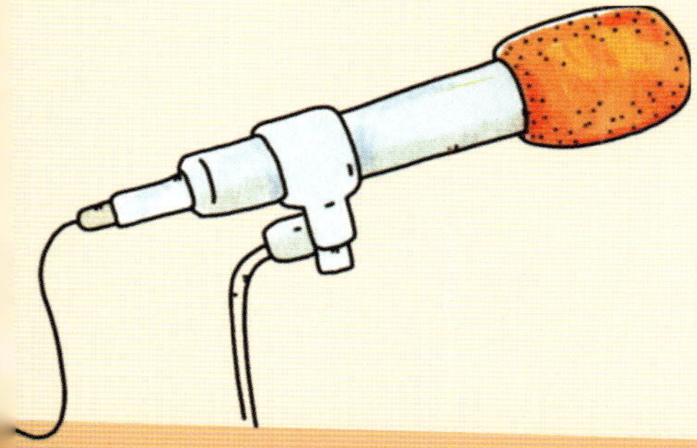

PLATZ 3:

RTL aktuell

Die *Tagesschau* war schon mehr als 35 Jahre alt, *heute* rund 25 Jahre – da ging am 5. April 1988 das tägliche Nachrichtenprogramm *RTL aktuell* in Köln auf Sendung. Auch hier sollten die Menschen die wichtigsten Neuigkeiten aus dem In- und Ausland erfahren. Und wieder dachten die Erfinder genau darüber nach, was sie anders machen könnten als andere Nachrichtensendungen, damit möglichst viele Leute einschalten.

Eine Idee: Die Redaktion wollte nicht einfach nur melden, was passiert – sondern ganz besonders gut erklären, warum die Neuigkeiten für das Leben der Menschen eigentlich wichtig sind. Wenn z. B. Politiker beschließen, dass im nächsten Jahr besonders viel Geld für die Reparatur von Autobahnen ausgegeben wird, sollten in der Sendung die Auswirkungen erläutert werden: dass die Zuschauer dann wahrscheinlich oft im Stau stehen und bei der Fahrt in den Urlaub länger brauchen, denn um Autobahnen zu reparieren, muss man sie ja erst einmal absperren.

Außerdem wollte *RTL aktuell* mehr über echte Ergebnisse als über die Zwischenstände berichten: also nicht über die vielen Diskussionen zwischen Politikern, sondern erst, wenn sie sich tatsächlich auf irgendetwas geeinigt haben und sich dadurch wirklich etwas für die Menschen ändert.

Die eingesparte Zeit wollte die Redaktion stattdessen für andere Themen nutzen, je lebensnäher, je lustiger, je skurriler, desto besser. Ein Jogger findet ein Löwenbaby? Es gibt neuerdings Hängematten für Meerschweinchen? In *RTL aktuell* erfahren die Zuschauer davon, meist am Ende der Sendung.

Auch sonst gibt die Redaktion sich an vielen Stellen lockerer als die *Tagesschau* oder *heute*: Vor einer Wahl fuhr Anchorman Peter Kloeppel z. B. einmal mit dem Motorrad quer durch Deutschland und berichtete von unterwegs für die Sendung.

Diese Mischung aus ernsten und unterhaltsamen Meldungen kommt bei den Zuschauern gut an. Jeden Abend schauen rund drei Millionen Menschen zu, wenn *RTL aktuell* um 18.45 Uhr auf Sendung geht. Damit belegt die Sendung Platz drei hinter der *Tagesschau* und *heute*.

Wie bei der Konkurrenz ist die Ausgabe um 18.45 Uhr übrigens nicht die einzige RTL-Nachrichtensendung des Tages. Das Team kümmert sich um weitere Sendungen wie das *RTL-Nachtjournal* sowie das Internetangebot.

WAS HEISST DENN »ANCHORMAN«?

Der Begriff »Anchorman« (gesprochen: Änkörmän) ist Englisch und bedeutet eigentlich »Ankermann«. Besonders in den USA werden die Moderatoren von Nachrichtensendungen so genannt. Seit den 1990er-Jahren verwenden auch die Menschen in Deutschland das Wort immer häufiger.

PLATZ 1 BEI KINDERN:

logo!

Es ist oft schwierig, alle Meldungen in Nachrichtensendungen genau zu verstehen. Das finden übrigens nicht nur Kinder, sondern auch Erwachsene. Sogar der oberste Chef des ZDF, Thomas Bellut, hat einmal in einem Interview zugegeben, dass er in den Nachrichten nicht immer alles begreift: »Manchmal sehe ich dann *logo!* und denke: Ja, das ist die Erklärung!«[3]

Darüber würden sich die Erfinder von *logo!* bestimmt freuen, denn genau das hatten sie sich 1989 überlegt und produzierten deshalb in den ZDF-Studios in Mainz die erste Fernsehnachrichtensendung extra für Kinder. Sie nannten sie *logo!*, weil in ihr alles ganz besonders einfach und logisch erklärt werden sollte. Inzwischen läuft *logo!* an sieben Tagen in der Woche im Kika und ist die bekannteste und erfolgreichste Kindernachrichtensendung in Deutschland.

Tag für Tag versucht das *logo!*-Team in rund zehn Minuten, die wichtigsten Nachrichten aus aller Welt zu zeigen – und zwar auch ernste oder traurige. An jeder Sendung arbeiten etwa zehn Leute mit und bemühen sich, alles ganz besonders gut zu vermitteln. Deshalb benutzen die *logo!*-Moderatoren möglichst keine Fremdwörter, und die Berichte sind so aufgebaut, dass man sie auch dann versteht, wenn man von der Geschichte vorher noch nie gehört hat. Sehr komplizierte Themen werden noch einmal extra erklärt, oft mithilfe von Grafiken und Animationen.

Auch sonst ist bei *logo!* einiges anders als bei der *Tagesschau*, *heute* oder *RTL aktuell*: Politiker oder prominente Sportler werden z. B. nicht von den Moderatoren, sondern von Kinderreportern interviewt. Und die trauen sich oft, Fragen zu stellen, auf die Erwachsene vielleicht gar nicht kommen würden. Bei *logo!* mussten Politiker z. B. schon beantworten, ob sie manchmal heimlich zu McDonald's gehen, wie reich sie sind und wann sie zum ersten Mal geküsst haben.

Und auch *logo!* gibt es inzwischen nicht nur im Fernsehen: Online finden sich zahlreiche Angebote und Hintergrundinformationen.

Und was gibt es im Internet genau?

Früher kamen *Tagesschau*, *heute*, *RTL aktuell* und *logo!* nur im Fernsehen. Wollten die Menschen erfahren, was los ist, mussten sie pünktlich zum Sendungsbeginn auf dem Sofa sitzen, ungefähr so wie du, wenn die Schule anfängt. Das kann man sich heute kaum mehr vorstellen, inzwischen ist es selbstverständlich, dass Nachrichten jederzeit im Internet zu finden sind. Auch *Tagesschau*, *heute*, *RTL aktuell* und *logo!* haben natürlich ein großes Onlineangebot. Wenn du dich dort selber informieren möchtest, sprich vorher mit deinen Eltern. Dann könnt ihr gemeinsam überlegen, welche Dinge für dich geeignet sind und was ihr euch am besten gemeinsam im Netz anseht.

→ WÜRDEST DU AUCH GERNE EINMAL PROMINENTE POLITIKER, SPORTLER ODER KÜNSTLER BEFRAGEN?

Bei *logo!* kannst du dich als Kinderreporter bewerben. Dafür musst du ein kurzes Video drehen, in dem du dich vorstellst und sagst, warum du Kinderreporter werden möchtest. Außerdem musst du irgendjemanden interviewen, z. B. deine Eltern oder Lehrer. Die DVD schickst du zusammen mit deinem Geburtsdatum, deiner Adresse, Telefonnummer und Mailadresse per Post an: ZDFtivi, *logo!*-Kinderreporter, 55100 Mainz. Und dann heißt es: Daumen drücken!

UND IN ÖSTERREICH UND DER SCHWEIZ?

Natürlich gibt es auch in Österreich und der Schweiz Nachrichtensendungen. Die beliebteste österreichische heißt *Zeit im Bild* (oder kurz gesagt: *ZIB*) und wird vom ORF produziert. 76 von 100 Österreichern sagen, dass sie mindestens dreimal pro Woche die ORF-Nachrichten ansehen.[4] Genau wie die ARD in Deutschland ist der ORF übrigens ein öffentlich-rechtlicher Sender. Mit weitem Abstand auf Platz zwei landet *Puls 4 News*, auf Platz drei *Servus TV News* – beides sind Sendungen von Privatsendern. Übrigens interessieren sich auch österreichische Kinder für Neuigkeiten: Knapp 40 Prozent der unter 16-Jährigen lesen oder schauen mehrmals pro Woche Nachrichten. Und mehr als die Hälfte der Eltern sagen, dass sie gelegentlich oder regelmäßig mit ihren Kindern über aktuelle Nachrichten sprechen.[5]

In der deutschsprachigen Schweiz sind ebenfalls die Nachrichten des öffentlich-rechtlichen Fernsehens die beliebtesten: 67 von 100 Schweizern sehen mindestens dreimal pro Woche *SRF News*.[6] Die Hauptsendung heißt hier genau wie in Deutschland *Tagesschau*, beginnt aber täglich schon um 19.30 Uhr. In der Schweiz informieren sich übrigens besonders viele Menschen im Internet über Neuigkeiten: 80 von 100 Schweizern suchen dort nach Nachrichten, nur 64 von 100 Schweizern sagen hingegen, dass Fernsehnachrichten eine wichtige Quelle für sie sind.

DAS ONLINEANGEBOT DER NACHRICHTENSENDUNGEN:

	Tagesschau
Homepage »Homepage« heißt übersetzt »Heimatseite«. Sie ist also sozusagen das Zuhause der jeweiligen Sendung. Nirgends finden sich mehr Informationen auf einmal als dort. 	www.tagesschau.de Hier findest du unter anderem: aktuelle Meldungen, Interviews, Hintergrundartikel, zahlreiche Videos, Audios, Fotos, ein umfangreiches Sendungsarchiv und vieles mehr.
App Wer am liebsten das Smartphone nutzt, um sich zu informieren, kann eine der angebotenen Nachrichten-Apps herunterladen. Hier finden sich kurz und gut sortiert die allerwichtigsten Neuigkeiten. Außerdem lässt sich oft ein Push-Alarm einstellen – das heißt, dass die Redaktion dir eine Nachricht schickt, wenn etwas besonders Aufregendes passiert.	Ja (*ARD Tagesschau*)*
Instagram Hier veröffentlichen Nachrichtenredaktionen besonders eindrucksvolle Fotos oder kurze Filmaufnahmen von wichtigen Dingen, die in der Welt passiert sind. Außerdem produzieren die Journalisten für Instagram oft extra Grafiken, mit denen sie besonders schwierige Themen erklären. Auf Instagram können die Nutzer die Bilder und Videos kommentieren und miteinander über Themen diskutieren.	Ja (*ARD Tagesschau*)

* In Klammern steht immer der Name, nach dem du suchen musst.

heute	RTL aktuell	logo!
ww.heute.de	www.rtl.de	www.logo!.de
uch hier finden sich unter nderem aktuelle Meldungen, ideos, Hintergrundberichte nd Interviews. Insgesamt ist as Onlineangebot allerdings eniger umfangreich als bei er *Tagesschau*.	Den kleinsten Onlinenachrichten-Auftritt hat RTL. Klickt man den Bereich »News« an, finden sich dort aktuelle Meldungen und Videos.	Auf der Seite von *logo!* gibt es aktuelle Meldungen, viele Videos, Mitmachaktionen, Bilder und interessante Informationen rund um die Sendung. Ganz besonders toll sind die zahlreichen Erklärartikel und -filme – wenn du Nachrichten nicht verstanden hast, kannst du hier nachsehen.
(*ZDF heute*)	Es gibt keine RTL-Nachrichten-App.	Es gibt keine spezielle *logo!*-App. In der ZDF-Kinder-App (ZDFtivi) finden sich aber viele Beiträge aus der Sendung.
(*ZDF heute*)	Ja (*RTL aktuell*)	Ja (*ZDF logo!*)

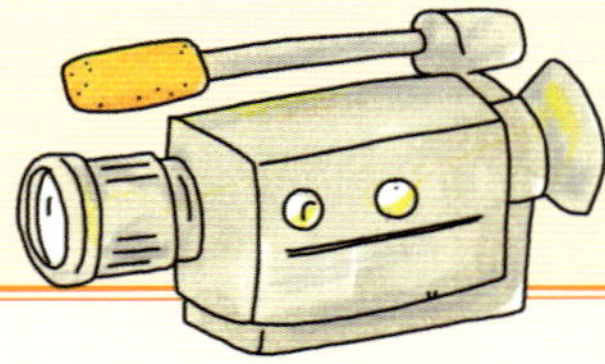

	Tagesschau
YouTube Hier finden sich Videos, die in der Regel länger sind als bei Instagram. Die Nutzer können die Filme bewerten und kommentieren.	Ja (*ARD Tagesschau*) Es finden sich die aktuellen Sendungen, Erklärvideos zu verschiedenen Themen und vieles mehr.
Facebook Hier veröffentlichen die Redaktionen ebenfalls Nachrichten, Videos, Interviews, Erklärgrafiken und auch mal Dinge, die besonders lustig sind oder hinter den Kulissen passieren. Die Nutzer können miteinander über alle Themen diskutieren oder auch einmal direkt Fragen an die Redaktionen stellen.	Ja (*ARD Tagesschau*)
Twitter Knapper als bei Twitter geht es kaum: Die Nachrichten sind hier in der Regel nur zwei Zeilen lang. Dazu gibt es meistens einen Link, den du anklicken kannst, falls du noch mehr wissen willst. Auch hier können die Nutzer miteinander diskutieren oder den Redaktionen direkt mitteilen, falls ihnen etwas nicht so gut gefällt.	Ja (*ARD Tagesschau*)

heute	RTL aktuell	logo!
Nein	Nein	Jein. Es gibt keinen reinen *logo!*-Kanal, aber gebündelt alle ZDF-Angebote für Kinder (ZDFtivi).
Ja (*ZDF heute*)	Ja (*RTL aktuell*)	Nein
Ja (*ZDF heute*)	Ja (*RTL_aktuell*)	Nein

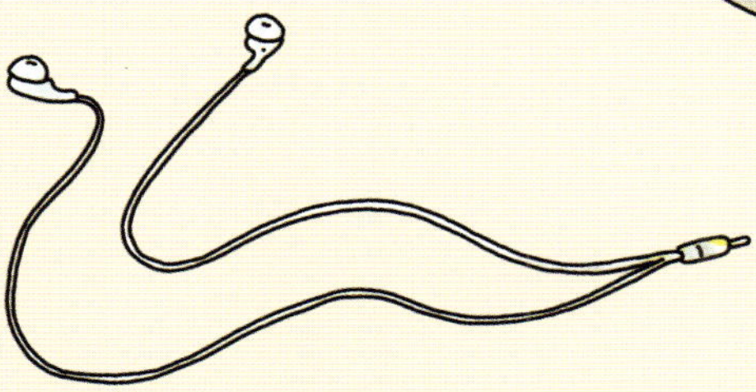

Ingo Zamperoni moderiert die *Tagesthemen* in der ARD. In diesem Interview verrät er, wieso er sich im Studio schon einmal unter dem Tisch versteckt hat, warum er bei der Arbeit kein rosa Kaninchenkostüm trägt und ob er in der Sendung manchmal seinen Kindern geheime Zeichen gibt.

© Foto: picture alliance

Die *Tagesthemen* dauern ungefähr 30 Minuten. Müssen Sie also nur eine halbe Stunde pro Tag arbeiten?

INGO ZAMPERONI: Das wäre schön! In Wahrheit beginnt mein Arbeitstag aber um 11.30 Uhr mit der ersten Konferenz. Die Sendung läuft dann am späten Abend und meistens bin ich erst nach Mitternacht wieder zu Hause.

Und was machen Sie den ganzen Tag?

In der Konferenz überlegen wir erst einmal gemeinsam, über welche Themen wir berichten und wie wir das am besten machen können. Anschließend lese ich Agenturmeldungen, Webseiten und Zeitungen, damit ich über alles genau Bescheid weiß. Außerdem telefoniere ich mit den Korrespondenten, die uns Beiträge für die Sendung liefern. Und dann schreibe ich meine Moderationen – also die Texte, die ich vor der Kamera spreche, bevor die Filmbeiträge laufen.

Müssen Sie die alle auswendig lernen?

Zum Glück nicht! Die lese ich während der Sendung vom Teleprompter ab. Das ist ein Bildschirm, auf dem die Texte durchlaufen, ohne dass die Zuschauer das sehen. Also so etwas wie ein geheimer Spickzettel. Aber die Texte müssen natürlich so geschrieben sein, wie ich sie normalerweise auch sagen würde. Gesprochenes Deutsch ist ja doch anders als geschriebenes. Deshalb stehe ich nachmittags oft in meinem Büro und sage sie beim Verfassen schon einmal laut auf.

Ich habe gehört, dass die Schrift auf Ihrem Teleprompter riesig groß eingestellt ist, weil Ihr Vater findet, dass Sie zu schnell reden im Fernsehen.

Das stimmt. Meine Kollegin Caren Miosga hat die Schrift viel kleiner eingestellt, weil sie die ganzen Sätze auf einmal im Blick haben möchte. Ich will aber immer nur ein paar Wörter sehen, damit ich nicht zu schnell werde. Deshalb ist die Schrift bei mir ganz groß.

Aber wenn Ihr Vater die *Tagesthemen* ansieht, findet er trotzdem immer noch, dass Sie zu schnell reden?

Ja. Der ist Italiener, lebt seit mehr als 40 Jahren in Deutschland und kann eigentlich sehr gut Deutsch sprechen. Aber er sagt trotzdem immer zu mir: Langsamer! Nicht so schnell reden!

LIVE

Sie haben in den *Tagesthemen* mal eine ganz gemeine E-Mail vorgelesen, die Sie bekommen haben. Da stand drin: »Wann wirft die ARD endlich den Eindringling/Gastarbeiter Zamperoni raus? Er sollte dorthin gehen, wo er herkommt. Nach Sizilien!« Sind Sie traurig, wenn Sie so etwas kriegen?

Niemand freut sich, wenn er Hass-Mails bekommt. Aber diese hier fand ich fast schon wieder lustig, weil sie von vorne bis hinten so quatschig ist! Denn wenn ich dahin gehen soll, wo ich herkomme, dann müsste ich nach Wiesbaden. Dort bin ich aufgewachsen. Und meine Vorfahren kommen aus Norditalien, nicht aus Sizilien. Offenbar gibt es in Deutschland ein paar Leute, die denken, es gibt Deutsche und Nicht-ganz-so-Deutsche, nur weil vielleicht der Vater oder die Mutter aus einem anderen Land kommt. Das finde ich traurig.

Was machen Sie denn eigentlich direkt vor der Sendung?

Ich ziehe mir einen Anzug an. Und ich muss noch in die Maske. Dort kriege ich ein bisschen Puder und Grundierung ins Gesicht, damit es nicht glänzt, wenn ich in der Sendung schwitze.

Sie werden aber nicht so richtig lange geschminkt?

Nein. Mir werden nicht die Wimpern getuscht. Und ich bekomme auch keinen Lippenstift. Bei den Frauen wird in der Maske ein bisschen mehr gemacht, die bekommen z. B. auch noch die Haare richtig schön frisiert.

Was würden die Maskenbildnerinnen denn sagen, wenn Sie sich ein Nasenpiercing machen lassen würden? Oder ein Gesichtstattoo?

Wir sind ja beim Fernsehen. Wenn ich da plötzlich ein Piercing hätte, ein Tattoo im Gesicht oder mir ein rosa Kaninchenkostüm anziehen würde, dann würden sich alle Zuschauer sofort fragen: Was ist denn da jetzt los? Und auch wenn ich glänzen würde oder ein Salatblatt zwischen den Zähnen hätte, würden alle nur denken: Warum ist alles so anders, als ich es gewohnt bin? Und kein Mensch würde mir mehr zuhören.

Mein Aussehen darf also nicht ablenken. Die Zuschauer müssen das schnell abhaken können: »Aha, sieht aus wie immer, hat einen Anzug an, eine Krawatte, die ist nicht schief, okay, jetzt kann ich mich drauf einlassen, was er sagt.«

Für Ihre Moderationen denken Sie sich viele ungewöhnliche Dinge aus. Dürfen Sie da jeden Quatsch machen, den Sie wollen?

Die Leute sitzen abends auf dem Sofa, hatten schon einen langen Arbeitstag, die Kinder schlafen und jetzt sind sie selber auch schon müde und wollen gleich ins Bett. Aber ich möchte ja Interesse wecken für die Filmbeiträge in der Sendung! Wenn uns dafür also spontan lustige oder ungewöhnliche Ideen kommen, dann setzen wir die sehr gerne um.

Was denn zum Beispiel?

Wir haben z. B. mal über eine Ausstellung berichtet, bei der ging es um das Thema »Warten«. Da habe ich in der Sendung einfach 30 Sekunden lang überhaupt nichts gesagt. Sondern ich stand einfach rum, habe in die Kamera geguckt und gewartet, dass der Beitrag anfängt. Ich wollte, dass die Zuschauer denken: »Huch? Was macht der denn da?« Und sich dann freuen, wenn sie merken, warum ich das gemacht habe.

Und Ernie und Bert haben Sie doch auch mal interviewt, obwohl die *Tagesthemen* ja eigentlich eine Sendung für Erwachsene ist.

Da hatte die »Sesamstraße« Jubiläum. Ich habe die Sendung als Kind sehr geliebt und immer geguckt. Eigentlich sind Ernie und Bert ja Puppen. Die kamen in einer Kiste im Studio an. Aber in dem Moment, wo der Puppenspieler sie aufgenommen hat, sind sie plötzlich lebendig geworden! Das war wirklich verrückt, wie die da leibhaftig vor mir standen und die Augenbrauen bewegt und mit mir geredet haben.

Denken Sie sich diese Sachen alleine aus?

Manchmal. Oft machen wir das in der Redaktion aber auch zusammen. Die Sendung entsteht sowieso sehr im Team. Es arbeiten unheimlich viele Menschen zusammen: Kameraleute, die alles filmen, Cutter, die die Beiträge schneiden, Redakteure, die sich das Konzept ausdenken, Maskenbildner, Regisseure, Techniker und noch viel mehr Leute.

Geht viel schief, wenn so viele Leute zusammenarbeiten?

Erstaunlich wenig. Ab und zu passiert aber schon mal etwas. Dann fällt z. B. der Ton aus oder so.

Ist bei Ihnen vor der Kamera schon mal etwas richtig schiefgelaufen? So, dass Sie Herzklopfen hatten und dachten: Was mache ich denn jetzt bloß?

Einmal ist wirklich alles schiefgegangen. Allerdings war das mit Absicht, da bin ich von der Sendung »Verstehen Sie Spaß?« hereingelegt worden. Alle wussten Bescheid, nur ich nicht. Ich sollte ein Interview mit Katarina Witt machen. Der Ton brach ab, die Kamera fiel aus, dann war das Bild auf einmal wieder da und Katharina Witt hat Witze über mich gemacht! Und plötzlich sind im Studio auch noch die Roboterkameras rumgesaust und ich musste mich hinter dem Tisch verstecken.

LIVE

Das war ja sogar schon das zweite Mal, dass Sie bei »Verstehen Sie Spaß?« hereingelegt wurden.

In der Tat! Beim ersten Mal habe ich noch zu Hause gewohnt und Harald Schmidt war Moderator von »Verstehen Sie Spaß?«. Ein Lockvogel hatte einfach mit einem Wohnmobil auf unserer Garageneinfahrt geparkt und wollte da Urlaub machen. Das war aber reiner Zufall, dass der bei uns gehalten hat!

Ihre Eltern wollten damals aber nicht, dass der bei Ihnen Ferien macht.

Nee! Meine Mutter war da sehr entschieden. Und ich dachte nur so: »Äh, ja, pff.« Das war dann sozusagen mein erster Auftritt im deutschen Fernsehen.

Da konnten Sie ja noch nicht so richtig aufgeregt sein. Aber wie war das denn dann später, als Sie selber beim Fernsehen gearbeitet haben und das erste Mal vor der Kamera stehen mussten?

Da war ich aufgeregt. Das hat sich angefühlt, als würde ich neben mir stehen und mich selber dabei beobachten, wie ich spreche. Ich habe dann aber schnell gemerkt, dass es einfacher wird, je länger man das macht. Inzwischen bin ich nicht mehr richtig aufgeregt, aber eine gewisse Anspannung ist bei mir immer noch da. Die gehört auch dazu. Wenn es losgeht, weiß ich: Das ist live. Wenn ich mir jetzt in der Nase bohre, kann das jeder sehen.

Aber Sie könnten ja auch tolle Sachen machen. Geheime Zeichen geben z. B. Vielleicht mal ein bisschen mit dem Finger winken, wenn Ihre Kinder Geburtstag haben!

Das habe ich noch nicht gemacht. Aber so etwas Ähnliches. Da waren Freunde von mir im Urlaub auf Mallorca. Und denen sollte ich ein Zeichen geben! Das habe ich im Wetterbericht untergebracht. Da habe ich gesagt, dass das Wetter in Hamburg heute besser war als auf Mallorca. Und die haben das geguckt und sich gefreut.

Sie kommen nach der Sendung ja erst mitten in der Nacht nach Hause. Können Sie dann gut schlafen?

Wenn man zur Schule geht, läuft der Tag ja meistens so: Erst zwei Stunden Unterricht, dann gibt es eine Pause, in der dritten und vierten schreibt man dann vielleicht eine Klassenarbeit, danach ist wieder Pause, in der fünften ist dann vielleicht Sport, nachmittags dann noch AG, und irgendwann plätschert das so aus und man geht nach Hause.

Bei mir ist das anders: Mein Arbeitstag ist wie eine Rampe. Den ganzen Tag über bereite ich die *Tagesthemen* vor und dann muss ich ganz am Schluss, ganz am Ende des Arbeitstages am konzentriertesten und allerwachsten sein. Und deshalb bin ich dann auch oft nach der Sendung noch immer voller Tatendrang.

Ich habe aber einen Trick: Ich schminke mich ab, ziehe mich um – und dann fahre ich meist mit dem Fahrrad nach Hause. Dabei strampele ich die ganze Anspannung weg. Und danach kann ich zum Glück gut einschlafen.

WAS HEISST EIGENTLICH »ÖFFENTLICH-RECHTLICH« UND »PRIVAT«?

In Deutschland gibt es zahlreiche Fernseh- und Rundfunksender. Eines haben sie alle gemeinsam: Sie sind entweder »öffentlich-rechtlich« oder »privat«. »Langweilig«, denkst du jetzt vielleicht und willst direkt weiterblättern. Doch hinter den Begriffen verbirgt sich eine interessante Information: Sendungen oder Internetinhalte zu produzieren, ist nämlich sehr teuer. Aber woher kommt das ganze Geld dafür eigentlich?

In Deutschland ist es so geregelt, dass es einen großen Topf gibt, in den Erwachsene einbezahlen müssen. Im Moment sind das pro Wohnung 17,50 Euro im Monat.[7] Wenn also mehrere Menschen zusammenleben, muss nur einer den Rundfunkbeitrag überweisen, beispielsweise deine Mutter. Das Geld wird weitergeleitet an die öffentlich-rechtlichen Sender, die damit dann unter anderem ihre Mitarbeiter bezahlen, Filme fürs Fernsehen produzieren oder Kindersendungen fürs Radio machen. Die Zuschauer müssen aber nicht nur bezahlen, sie bekommen auch etwas für ihr Geld: nämlich möglichst neutrale und unabhängige Informationen. Das steht in einem Vertrag, der heißt Rundfunkstaatsvertrag. Die *Tagesschau*, *heute* und *logo!* laufen in öffentlich-rechtlichen Sendern.

Die privaten Sender kriegen von der Rundfunkgebühr hingegen nichts ab. Sie müssen sich das nötige Geld selber besorgen. Vielleicht ist dir schon einmal aufgefallen, dass bei Super RTL oder RTL oft Werbung läuft und im Kika nie? Das ist der Grund dafür. Der Kika ist öffentlich-rechtlich, erhält also Geld aus dem großen Topf. Super RTL und RTL bekommen das meiste Geld hingegen von Firmen, die Werbung bei ihnen schalten. Und je mehr Menschen ihre Sendungen ansehen, desto mehr können die Sender verlangen. Deshalb ist es für die privaten Sender besonders wichtig, viele Zuschauer zu haben.

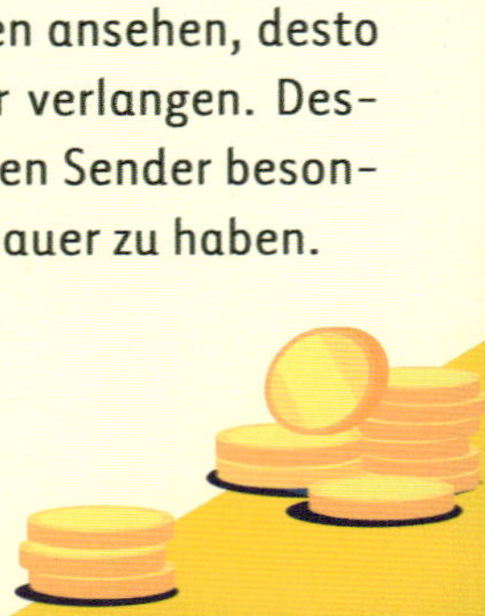

Wenn die Verantwortlichen sich nun also überlegen, ob sie lieber ein Politikmagazin oder eine Castingshow ins Programm nehmen sollen, würden sich Privatsender wahrscheinlich eher für die Castingshow entscheiden, weil sie davon ausgehen, dass dort mehr Menschen einschalten. Bei den öffentlich-rechtlichen Sendern stehen die Chancen für das Politikmagazin besser: Denn die Verantwortlichen sind auf das Geld aus Werbung nicht so stark angewiesen und müssen außerdem ja erfüllen, was im Rundfunkstaatsvertrag steht: die Menschen möglichst gut informieren.

WIE SCHREIBEN JOURNALISTEN NACHRICHTENTEXTE?

Vor den Fenstern ist es noch dunkel, es ist still im Großraumbüro. Frühmorgens sitzen nur wenige Nachrichtenjournalisten an ihren Schreibtischen in der Redaktion. Fast niemand redet, stattdessen ist nur das Klappern von Tastaturen zu hören und ab und zu ein leises Kaffeeschlürfen. Alle bereiten konzentriert die erste Sendung des Tages vor.

Die Redakteurin Nina arbeitet an einer Meldung über die Fußball-Europameisterschaft (EM), die heute in Rom beginnt. Das, was sie aufschreibt, wird der Nachrichtensprecher später in der Sendung vorlesen.

Aber sie tippt ihren Text nicht einfach in den Computer, wie er ihr gerade in den Sinn kommt. Stattdessen hält sie sich an Regeln, die in fast allen Nachrichtenredaktionen gleich sind – ganz egal, ob die Neuigkeiten in Zeitungen, im Radio, Fernsehen oder online veröffentlicht werden.

➔ DAS WICHTIGSTE STEHT AM ANFANG

An diese Regel haben sich schon Journalisten im 19. Jahrhundert gehalten. In den USA herrschte damals Bürgerkrieg und die Telegrafenverbindungen fielen oft mitten im Bericht aus. Wenn dann nur zwei statt der geplanten zehn Sätze in der Redaktion ankamen, waren die Journalisten dort über die wesentlichen Dinge trotzdem schon informiert.

SONDERFALL MODERIERTE SENDUNG

Wenn du Nachrichten im Fernsehen ansiehst, fällt dir vielleicht auf, dass sich einige Sendungen wie z. B. logo! nicht an die »Das Wichtigste sagen wir am Anfang des Satzes«-Regel halten. Meldungen sind manchmal besser verständlich, wenn ganz zu Beginn Dinge erklärt oder moderiert werden. Auch *heute*, das *heute-journal* oder die *Tagesthemen* sind moderierte Sendungen – die Moderatoren erklären hier also freier, worum es eigentlich genau geht.

Regel 1:

Am **A**nfang steht das **A**llerwichtigste. In der **M**itte **M**ittelwichtiges. Und am **E**nde dann Dinge, die fast schon **e**gal sind.

Sieh dir mal die fett gedruckten Buchstaben an: Mit dieser Eselsbrücke kann man sich die Regel gut merken.

Für die Zuschauer hat das den Vorteil, dass sie die wirklich spannenden Sachen sofort erfahren und nicht lange warten müssen. Sollten sie also beispielsweise spätabends Nachrichten ansehen und sehr müde sein, könnten sie einfach nach zwei Sätzen einschlafen und wüssten über das Wichtigste trotzdem schon Bescheid. Und auch im Internet oder in der Zeitung muss man so nicht jeden Artikel unbedingt ganz bis zum Schluss durchlesen.

Manchmal weiß aber auch Nina nicht sofort, welche Informationen die wichtigsten sind. Um das herauszufinden, geht sie im Kopf Fragen durch, die ein bisschen so klingen wie das »Wer, wie, was«-Titellied aus der »Sesamstraße«. Die W-Fragen im Nachrichtenjournalismus heißen allerdings: »Wer?«, »Was?«, »Wo?«, »Wann?« Und: »Warum eigentlich?« Darauf muss die Meldung über die Fußball-EM Antworten geben.

Eine weitere wichtige W-Frage, die in Nachrichten oft, aber nicht immer beantwortet wird, ist: »Woher?« Das heißt, dass die Nachrichtenjournalisten zusätzlich mitteilen, von wem sie die Informationen eigentlich bekommen haben. Sie selber benutzen dafür das Wort »Quelle«.

Probier es doch mal selber aus!

Wollen deine Eltern immer ganz genau wissen, was in der Schule passiert ist? Anstatt zu antworten: »Nichts«, beantworte doch einfach mal die W-Fragen zu irgendeinem Ereignis in zwei Sätzen. Ruckzuck hast du die wichtigsten Informationen übermittelt und kannst in Ruhe essen.

Regel 2:
Nachricht und Meinung werden getrennt.

Nach Feierabend ist die Redakteurin Nina mit Freunden zum Public Viewing verabredet, alle zusammen wollen das Auftaktspiel der EM auf Großleinwand ansehen. Deshalb stecken in ihrer Tasche auch ein Deutschlandschal und schwarz-rot-goldene Schminkstifte.

Trotzdem darf Nina in ihre EM-Meldung nicht hineinschreiben, dass sie Deutschland-Fan ist und hofft, dass die Nationalelf den Pokal gewinnt.

Stattdessen muss sie für den Sprecher einfach nur knapp und sachlich notieren, was passiert.

Diese Regel gilt für alle Themen, die in Nachrichtensendungen vorkommen. Wenn beispielsweise Politiker ein neues Tierschutzgesetz beschließen, liest der Nachrichtensprecher einfach nur vor, was genau in dem Gesetz steht, wer dafür war, wer dagegen und warum. Anschließend läuft oft ein kurzer Film zum selben Thema, und auch hier versucht die Redaktion, keine Seite zu bevorzugen. Die Journalisten bemühen sich also immer, Gegner und Befürworter zu Wort kommen zu lassen, also möglichst objektiv zu berichten.

Das wird deshalb so gemacht, damit die Zuschauer sich erst einmal selber überlegen können, ob sie das neue Gesetz gut finden oder nicht. In den Nachrichten sollen sie dafür einfach nur möglichst sachlich alle Informationen bekommen, die sie benötigen, um sich alleine eine Meinung zu bilden.

SONDERFALL KOMMENTAR

»Stimmt ja gar nicht!«, denkst du jetzt vielleicht. Denn manchmal treten schließlich auch in Nachrichtensendungen Journalisten vor die Kamera und sagen klipp und klar, was sie selber denken. Das ist nicht verboten, wird aber klar von der normalen Meldung getrennt. Meist kommt erst ein möglichst neutraler Bericht und anschließend – deutlich angekündigt – ein Kommentar. Die Zuschauer erfahren also vorab, dass der Journalist jetzt seine Meinung sagt.

NEUTRAL ZU BERICHTEN, IST GANZ SCHÖN SCHWIERIG …

… und gelingt nicht immer. Womöglich befragen die Nachrichtenjournalisten für einen Filmbeitrag erst eine sehr nette Politikerin, die sympathisch und gut erklärt, warum sie meint, dass Hühner mehr Platz in ihren Ställen brauchen. Und danach einen motzigen, alten Politiker, der in die Kamera pöbelt, dass Landwirte nicht so viel Geld für neue Ställe ausgeben können. Wem würdest du wahrscheinlich eher glauben?

~~Retsäl~~ RÄTSEL

Wie sieht Ninas EM-Meldung am Ende wahrscheinlich aus?

a. »Fußball gibt es schon seit Tausenden von Jahren. Früher spielten die Menschen übrigens nicht mit luftgefüllten Bällen, stattdessen stopften sie Haare und Federn in die Hülle. Wie auch immer. Jetzt benutzen die Mannschaften ja Lederbälle. Und zwar heute in Rom. Da fängt übrigens die Fußball-Europameisterschaft an.«

b. »In Rom beginnt heute die Fußball-Europameisterschaft. Im Auftaktspiel treffen Italien und Deutschland aufeinander. Zur Eröffnungsfeier werden Zehntausende Zuschauer erwartet.«

c. »Endlich geht sie los: die Fußball-EM in Italien. Die deutsche Mannschaft ist in Topform! Mein Tipp für heute Abend: 0:3 für unsere Jungs.«

Lösung:
Richtig ist Antwort b. Denn schon in den ersten beiden Sätzen werden alle W-Fragen beantwortet: »Wo?« (in Rom), »Was?« (Auftaktspiel), »Warum?« (Fußball-Europameisterschaft), »Wann?« (heute) und »Wer?« (Deutschland gegen Italien).

Bei Antwort a. steht die wichtigste Information hingegen ganz am Ende. Und Antwort c. ist nicht sachlich und neutral formuliert – stattdessen weiß man sofort, dass Nina für Deutschland ist. Das wäre nur in einem Kommentar erlaubt.

Linda Zervakis ist Sprecherin bei der *Tagesschau*. Hier verrät sie, bei welchen Wörtern sie sich immer verspricht, dass ihre Blazer während der Schwangerschaft am Rücken einfach aufgeschnitten wurden – und dass in der Schublade des Sprechertischs manchmal ganz schön eklige Sachen liegen.

© Foto: Marcus Höhn

Ihre Eltern hatten früher einen Kiosk. Durften Sie da als Kind so viele Süßigkeiten essen, wie Sie wollten?

LINDA ZERVAKIS: Ja, ich durfte mir immer alles nehmen, was ich wollte. Bis mir schlecht wurde.

Es gab aber auch Sachen in Ihrer Kindheit, die nicht so toll waren. Sie hatten oft Angst vor Lehrern, oder?

Meine Eltern kommen aus Griechenland und wollten deshalb, dass ich auch gut Griechisch lerne. Deshalb bin ich von der ersten bis zur sechsten Klasse immer morgens in die deutsche Schule und nachmittags in die griechische Schule in Hamburg gegangen. Das fand ich damals furchtbar. Denn erstens hatte ich nie Freizeit. Und zweitens hat der Lehrer dort die Kinder immer mit einem langen Lineal richtig doll auf die Handfläche geschlagen, wenn sie den Unterricht gestört haben.

Ihre Eltern hatten nicht viel Geld. War das für Sie schlimm?

Für mich war das normal. Meine Eltern haben trotzdem versucht, uns eine schöne Kindheit zu ermöglichen, und das haben sie auch geschafft. Als ich aber älter wurde und aufs Gymnasium gekommen bin, habe ich plötzlich gemerkt, dass andere Familien viel mehr Geld hatten als wir. Wenn wir auf Klassenreise gegangen sind, musste ich z. B. immer so einen rosafarbenen Zettel ausfüllen, damit ich von der Schule etwas Geld dazubekomme. Diesen Antrag wollte ich der Lehrerin am liebsten heimlich zurückgeben, weil mir das so unangenehm war. Meine Mitschüler haben außerdem meistens in Häusern und nicht in einer Wohnung gelebt. Ich habe mir stattdessen ein Zimmer mit meinen Brüdern geteilt und oft ihre Klamotten aufgetragen.

Dürfen Sie denn jetzt bei der *Tagesschau* selber aussuchen, was Sie anziehen?

Nicht ganz. Blazer oder Kleider sollten es schon sein. Ich gehe dann immer zusammen mit einer Frau einkaufen, die uns Sprechern hilft, passende Sachen für die Sendung auszusuchen. Wir gehen alle paar Monate zusammen in die Stadt zum Shoppen. Ich ziehe dabei ungefähr 50 Blazer und 30 Kleider an und wieder aus und wieder an. Die Beraterin sagt dann irgendwann: »Das sieht doch gut aus!« Und ich antworte: »Nee, ich erkenne mich gar nicht wieder! Das will ich nicht!« Das geht so lange, bis ich was gefunden habe, in dem ich mich nicht verkleidet fühle. Denn wenn wir Sprecher Sachen anziehen, in denen wir uns nicht wohlfühlen, kann man das sehen. Die Zuschauer spüren dann, dass irgendetwas mit uns nicht stimmt. Wir wirken unsicherer.

Und wenn Sie dann etwas gefunden haben, das Ihnen gefällt?

Dann müssen wir die Sachen auch noch vor der Kamera testen. Durch das Scheinwerferlicht wirken nämlich z. B. die Farben plötzlich ganz anders. Und auf einmal sagen alle: »Oh, jetzt ist es gar nicht mehr grün. Das sieht aus wie Petrol. Und das macht dich blass.« Tja, und dann bringen wir das Jackett eben wieder zurück. Wir lassen deshalb für den Test extra noch die Preisschilder drin, denn sonst würde das Geschäft die Sachen nicht zurücknehmen.

Müssen Sie die Sachen eigentlich selber bezahlen?

Nein, die bezahlt der Sender. Es ist aber genau festgelegt, wie viel ich pro Jahr dafür ausgeben darf. Das Geld bekomme ich nicht direkt, und mir wird auch nicht gesagt, wie viel das genau ist. Die Kleidungsberaterin weiß aber Bescheid und sie bezahlt immer alles.

Ziehen Sie die Sachen auch zu Hause an?

Das darf ich nicht. Genau wie ein Klempner, der beim Reparieren immer einen Blaumann anhat, sind die Jacketts für mich reine Arbeitskleidung. Da wird mein Name eingebügelt und im Büro habe ich dafür einen Extrakleiderschrank. Ich darf meine Lieblingsblazer auch nicht jeden Tag wieder anziehen, denn sonst denken die Zuschauer: »Hää? Hat die nichts anderes?« Damit mir das nicht aus Versehen passiert, habe ich einen Trick: Ich nehme immer den Blazer, der im Schrank ganz hinten ist. Nach der Sendung hänge ich ihn dann nach vorne.

Wie sieht denn Ihr Arbeitstag aus, wenn Sie die 20-Uhr-*Tagesschau* sprechen?

Ich komme um 13 Uhr in den Sender. Ich bin ja Sprecherin, anders als die Moderatoren schreibe ich die Texte also nicht selber, sondern das machen Redakteure. Am Computer schaue ich mir den Ablaufplan der Sendung an. Anschließend suche ich mir aus, was ich anziehen will, und koche mir Ingwertee. Das klingt komisch, aber Ingwertee ist besser als Pfefferminz- oder Kamillentee, denn davon kann die Stimme verschleimen.

Was passiert denn, wenn die Stimme verschleimt?

Dann klinge ich in der *Tagesschau* ungefähr so: »Guten Abend, meine Damen, öaahh, hust, hust, und Herren, räusper, röchel, Entschuldigung.« Und das will ich natürlich nicht! Deshalb trinke ich nur Ingwertee oder Wasser ohne Kohlensäure.

Mit Kohlensäure ist schlecht?

Das ist schlecht. Weil man sonst vielleicht während der Sendung aufstoßen muss. Das ist mir aber zum Glück noch nie passiert.

Sie sehen sich also den Ablaufplan an, suchen sich einen Blazer aus und kochen Ingwertee. Und danach?

Werde ich geschminkt und verkabelt, ich kriege also mein Mikrofon. Anschließend gehe ich in die Redaktion. Dort gibt mir eine Sekretärin alle Meldungen, die schon fertig sind. Die Texte lese ich mir durch und mache Zeichen rein. Ich markiere mir also z. B., was in jedem Satz das Wichtigste ist. An andere Stellen male ich Pfeile, damit ich weiß: »Aha, hier muss ich mit der Stimme oben bleiben, damit die Zuschauer merken, dass der Satz noch nicht zu Ende ist.« Die Kunst des Sprechers besteht darin, alles so vorzulesen, dass es möglichst einfach zu begreifen ist. Denn der Zuschauer hört die Meldungen ja nur ein einziges Mal und dann muss er sie verstanden haben.

Gibt es denn ein Wort, bei dem Sie sich immer versprechen?

»Massachusetts« finde ich ganz schlimm. Vor Kurzem musste ich außerdem mal »des Asowschen Meeres« in der Sendung sagen. »Das Asowsche Meer« ist schon schwierig. Aber der Genitiv »des Asowschen Meeres« ist eine Vollkatastrophe.

Und wenn Sie jetzt überhaupt nicht wissen, wie eine Stadt oder ein Land oder eine Region ausgesprochen wird?

Dann tue ich einfach so, als würde ich es wissen. Und versuche, das Wort ein bisschen leiser zu sagen und es zu vernuscheln. Das mache ich aber nur, wenn ich vorher keine Zeit hatte, in der Aussprachedatenbank nachzusehen. In der stehen viele Wörter, die schwierig sind. Wenn ich z. B. den Namen eines Schauspielers nicht kenne, kann ich den da anklicken und er wird mir vom Computer vorgelesen.

Manchmal passieren ja auch noch wichtige Sachen, während die Sendung läuft. Was passiert dann?

Ich habe einen Knopf im Ohr, über den können mir die Redakteure oder der Regisseur während der Sendung heimlich etwas sagen, z. B.: »Pass auf, es ist gerade etwas Wichtiges passiert. Deshalb ändert sich gleich der Ablaufplan, nicht wundern, wir schreiben gerade eine neue Meldung.«

Die sprechen dann also während der Sendung mit Ihnen, und Sie müssen so tun, als wäre nichts?

Genau. Im besten Fall sprechen sie mit mir, während ein Film läuft. Im schlimmsten Fall reden sie plötzlich mit mir, während ich gerade selber spreche. Dann darf ich auf keinen Fall erschrocken gucken! Das musste ich richtig üben.

Ein Redakteur schreibt also in rasender Geschwindigkeit eine neue Meldung, und wenn die dann dran ist, sehen Sie die auf dem Teleprompter. Aber was passiert, wenn der Redakteur nicht schnell genug fertig wird?

Das ist mir einmal passiert, allerdings nicht in der 20-Uhr-Sendung, sondern bei *Tagesschau24*. Da habe ich plötzlich auf dem Teleprompter gesehen: »Oh, die Meldung hat noch gar keine Ende! Und die wird auch gar nicht weitergeschrieben!«

Und manchmal verschwinden Meldungen dann sogar gleich ganz vom Teleprompter.

Ich habe zwar auch noch Zettel dabei, auf denen die Meldungen stehen – aber natürlich nur die, die schon vor der Sendung fertig waren!

Dann gibt es nur noch einen Trick: Der Tisch hat eine spezielle Glasplatte. Auf der kann ich das Computersystem sehen, mit dem in der Redaktion gearbeitet wird. Ich kann also auch schnell meine Papiere zur Seite schieben und hoffen, dass ich die neue Meldung dort irgendwo finde. Wenn das nicht klappt, muss ich cool bleiben und das irgendwie überbrücken.

Sind in dem Tisch eigentlich auch Schubladen?

Ja, in denen sind z. B. Stifte und ein Spiegel. Und im schlimmsten Fall liegen da auch noch gebrauchte Taschentücher drin, falls einer der Kollegen sie vergessen hat. Wir benutzen ja alle den gleichen Tisch. Aber dann gibt es Ärger :-)

Wenn Sie eine 20-Uhr-*Tagesschau* sprechen, schauen ja Millionen Menschen zu. Kriegen Sie dafür auch Millionen Euro?

Das wäre toll! In Wahrheit ist das viel weniger. Wir bekommen pro 20-Uhr-Sendung knapp 260 Euro. Wir werden nach Minuten bezahlt, also nach Länge der Sendung.

Wie wird man eigentlich Sprecherin bei der *Tagesschau*?

Wenn man bei der Tagesschau arbeiten will, sollte man vorher schon irgendwo Nachrichten gemacht haben. Ich habe beim Radio angefangen und später beim »Schleswig-Holstein-Magazin« in Kiel gearbeitet. Irgendwann habe ich von einem Bekannten erfahren, dass die *Tagesschau* neue Sprecher sucht und ein Casting veranstaltet. Und daran habe ich teilgenommen.

Es ist wichtig, dass den Chefs dann die Ausstrahlung gefällt. Sie fanden außerdem meine Stimme gut und der Rest passte auch. Die wissen zum Glück nicht, wie ich morgens aussehe, wenn ich aus dem Bett steige und mit abstehenden Haaren meine Kinder wecke.

Als Sie schwanger und schon ziemlich kugelrund waren, haben Sie trotzdem noch die *Tagesschau* gesprochen. Was wäre eigentlich passiert, wenn Sie mitten in der Sendung Wehen gekriegt hätten?

Dann hätte ich gesagt: »Huch, jetzt habe ich Wehen! Tut mir leid. Es fehlen ja aber sowieso nur noch vier Minuten. Hier ist das Wetter, ich fahre ins Krankenhaus.« Und dann wäre ich rückwärts aus dem Studio gegangen.

Warum denn rückwärts?

Mein Bauch war irgendwann so groß, dass ich die Jacke nicht mehr zumachen konnte. Deshalb wurde mir einfach hinten am Blazer die Naht aufgeschnitten. Vorne hatte ich also massenhaft Stoff, wie so ein Zelt, das ich dann zuknöpfen konnte. Und am Rücken war ein großes aufgerissenes Dreieck! Die Zuschauer haben das nicht gesehen, weil ich in der *Tagesschau* ja nur von vorne gezeigt wurde.

WIE ERFAHREN NACHRICHTEN-JOURNALISTEN ÜBERHAUPT, WAS IN DER WELT PASSIERT?

Morgen für Morgen ziehst du dich an. Frühstückst. Putzt dir die Zähne. Und dann schnappst du dir deine Schultasche und rennst zum Bus. So ähnlich beginnen auch die Tage von Nachrichtenjournalisten. Allerdings hören sie oft schon beim Anziehen Nachrichten im Deutschlandfunk. Beim Frühstück lesen sie mehrere Tageszeitungen. Beim Zähneputzen lassen sie die Tür offen, weil sie gleichzeitig im Wohnzimmer das Morgenmagazin ansehen. Und wenn sie im Bus sitzen, schauen sie auf ihrem Smartphone nach, welche Nachrichten online gemeldet werden. In ihrer Tasche haben sie dabei eine Thermoskanne und ein Wurstbrot dabei. Aber keine Zahnbürste, keine Wechselklamotten und auch keinen Reisepass.

Denn obwohl Nachrichtenjournalisten von früh bis spät melden, was überall in der Welt passiert, fahren sie so gut wie nie selber an den Ort des Geschehens. Stattdessen bleiben sie im Büro und tragen von dort aus alle wichtigen Informationen zusammen. Und damit sie schon einmal ungefähr wissen, was sie dort gleich erwartet, fangen fast alle Nachrichtenjournalisten direkt nach dem Aufstehen an, sich darüber zu informieren, was geschehen ist, während sie geschlafen haben.

Doch auch Tageszeitungen, der Deutschlandfunk, das *Morgenmagazin* oder Onlinemedien müssen ja erst einmal herausfinden, was überall passiert. Also: Von wem erfahren Nachrichtenjournalisten eigentlich, was in der Welt alles so los ist?

➡ ABER WAS SOLL NACHTS DENN SCHON PASSIEREN?

»Nachts passiert doch nichts«, denkst du jetzt vielleicht. Doch das stimmt nicht: Denn es ist nicht überall auf der Welt gleich spät. Wenn wir in Deutschland z. B. ins Bett gehen, ist es in den USA gerade einmal Nachmittag. Der Präsident dort hätte also noch jede Menge Zeit, neue Gesetze zu unterschreiben.

1. Von den Nachrichtenagenturen

Nachrichtenjournalisten sind wahrscheinlich die neugierigsten Menschen der Welt. Sie würden am liebsten alles wissen: z. B. ob der US-Präsident abends im Bett heimlich Hamburger isst. Wie viele Toiletten in deutschen Schulen kaputt sind. Oder ob Delfine sich wirklich in einer eigenen Sprache unterhalten. Es würde aber sehr lange dauern, all diese Dinge selber herauszufinden. Deshalb kaufen die *Tagesschau*, *heute*, *RTL aktuell*, *logo!* und zahlreiche andere Redaktionen viele Nachrichten einfach ein, denn das geht schneller und kostet weniger.

Die Verkäufer von Neuigkeiten heißen Nachrichtenagenturen. Ihre Arbeit ist so ähnlich wie die von Großhändlern: Nur dass sie eben keine Schokolade oder Joghurt in Supermärkte liefern, sondern Informationen für Journalisten. Das können sie, weil auch bei ihnen Journalisten arbeiten, aber viel mehr als in normalen Redaktionen: Alleine die Deutsche Presse-Agentur (dpa) hat Büros in rund 100 Ländern und weltweit etwa 1000 Mitarbeiter, die rund um die Uhr auf der Suche nach spannenden Neuigkeiten sind.[8]

➡ WELCHE NACHRICHTENAGENTUREN GIBT ES?

Die wichtigsten Nachrichtenagenturen weltweit heißen Reuters, Agence France-Press (das wird so ausgesprochen: Aschons Frocns Press, kurz AFP) und Associated Press (Àssosiäite Press – oder AP) und die Deutsche Presse-Agentur (dpa). Bei allen können Redaktionen Texte, Fotos und Filmmaterial kaufen.

Natürlich ist es besonders wichtig, dass die Berichte der Nachrichtenagenturen auch stimmen – sonst wären sie wahrscheinlich schnell pleite, weil niemand mehr bei ihnen einkaufen würde. Deshalb prüfen die Agenturjournalisten ihre Meldungen ganz genau, bevor sie sie in die Welt schicken.

➡ MACHEN NACHRICHTENAGENTUREN WIRKLICH NIE FEHLER?

Doch. Die dpa z. B. macht nach eigenen Angaben bei Hunderten Meldungen pro Tag etwa zehn Fehler. Das klingt erst einmal viel, aber es zählen auch sehr kleine Irrtümer mit. Wenn Agenturjournalisten also versehentlich schreiben, dass ein Politiker 62 statt 63 Jahre alt ist, schicken sie gleich eine Berichtigung an die Redaktionen.[9] Manchmal passieren auch Tippfehler, die fast ein bisschen lustig sind. »Schwangeren-Bratung« statt »Schwangeren-Beratung« z. B. Auch solche Versehen werden umgehend korrigiert.

Allein bei der *Tagesschau* in Hamburg kommen täglich etwa 3000 Meldungen von verschiedenen Nachrichtenagenturen an.[10] Sie laufen direkt auf den Computern der Redakteure ein, sodass diese den ganzen Tag mitlesen können, was in der Welt passiert. Aus allen Neuigkeiten werden die wichtigsten ausgewählt, die es dann in die Sendung schaffen. In der *Tagesschau* um 20 Uhr sind das in der Regel insgesamt etwa zehn Themen, ähnlich sieht es bei *heute* und *RTL aktuell* aus. Nur bei *logo!* sind es etwas weniger, weil mehr Zeit zum Erklären verwendet wird.

Rätsel

Früher schickten die Nachrichtenagenturen ihre Meldungen nicht direkt auf die Computer der Journalisten. Stattdessen liefen die Neuigkeiten automatisch auf endlos langen Papierstreifen in den Redaktionen ein. Die Nachrichtenagentur AP machte dabei etwas Lustiges: Immer mal wieder schickte sie statt einer richtigen Meldung den englischen Quatsch-Satz: »The quick brown fox jumps over the lazy dog 1234567890.« Das heißt übersetzt: Der schnelle braune Fuchs springt über den faulen Hund 1234567890.«

Was glaubst du, warum hat sie das gemacht?

a. Damit die Nachrichtenjournalisten auch mal was zum Lachen hatten
b. Um zu kontrollieren, ob noch alle Buchstaben und Zahlen im Nachrichtenticker funktionieren
c. Um zu sehen, wie gut deutsche Nachrichtenjournalisten Englisch verstehen

Lösung:
Richtig ist Antwort b. In dem Text-Satz kommen alle Buchstaben des Alphabets und alle möglichen Zahlen vor. Wären im Ticker einzelne Buchstaben-Hebel kaputt gewesen, mit denen die Meldungen auf Papier gedruckt wurden, hätte man sofort gewusst, welche es sind.[11]

2. Von ihren eigenen Korrespondenten

Damit die Sendungen noch besser und interessanter werden, schicken viele Nachrichtenredaktionen zusätzlich auch eigene Journalisten in die Welt hinaus – die Korrespondenten. Inlandskorrespondenten sind hauptsächlich in Deutschland unterwegs, um aufregende Geschichten zu suchen.

Ganz besonders spannend und abenteuerlich ist aber das Leben von Auslandskorrespondenten, die dafür auch in die entferntesten Länder der Welt reisen. Sie essen manchmal gekochte Maikäfer, Hühnerfüße oder Alligatoren-Wurst. Sie sitzen Stunden um Stunden in Flugzeugen. Oft klingelt ihr Telefon mitten in der Nacht, und dann dürfen sie sich nicht noch einmal umdrehen und weiterschlafen, sondern müssen sofort aus dem Bett springen und ins Studio rasen. Doch obwohl das alles im ersten Moment nicht sonderlich reizvoll klingt: Hätten sie die Wahl, würden viele Journalisten am liebsten Auslandskorrespondenten werden.

Auslandskorrespondenten leben meistens für mehrere Jahre in einer anderen Stadt oder einem anderen Land. Dort haben sie in der Regel ein Studio und ein eigenes Kamerateam und berichten über alle spannenden Geschichten, die sie vor Ort finden. Oft sind sie gleich für eine ganze Region zuständig: So berichtet z. B. der ARD-Korrespondent in Brasilien auch über Neuigkeiten aus Peru, Argentinien, Bolivien, Paraguay, Uruguay und Chile. Deshalb reist er viel herum.

Manchmal stoßen die Korrespondenten selber auf aufregende Neuigkeiten, von denen vielleicht noch niemand anderes weiß. Oft entdecken aber auch die Kollegen zu Hause in den Nachrichtenagenturen eine Meldung, die sie besonders interessiert, und bitten die Korrespondenten darum, dem Thema genauer nachzugehen. Und wenn irgendwo auf der Welt etwas Dramatisches passiert, z. B. ein Erdbeben oder ein Terroranschlag, dann klingelt die Heimatredaktion den Korrespondenten eben auch mal aus dem Bett, damit er möglichst schnell und umfassend alles herausfindet, was die Menschen in Deutschland interessieren könnte.

»Wenn ein großes Ereignis passiert, werden sie als Auslandskorrespondent richtig gequält«, hat der ehemalige ARD-Korrespondent Friedhelm Brebeck einmal erzählt.[12] Damit meinte er, dass Korrespondenten bei wichtigen Ereignissen natürlich nicht nur einmal einen Film für die 20-Uhr-Ausgabe produzieren, sondern von früh bis spät in allen möglichen *Tagesschau*-Ausgaben, in den *Tagesthemen*, im *Nachtmagazin* und inzwischen zusätzlich auch noch für das Internet berichten müssen, was sie wissen.

So oder so ähnlich läuft es auch bei *heute*, *RTL aktuell*, *logo!* sowie auch beim Radio, bei Zeitungen und auch bei einigen Nachrichtenseiten im Internet ab. Fast alle größeren Redaktionen bekommen ihre Informationen also nicht nur aus den Nachrichtenagenturen, sondern auch von ihren eigenen Korrespondenten.

WAS HEISST EIGENTLICH DAS WORT »KORRESPONDENT«?

Das Wort »Korrespondent« kommt ursprünglich von »correspondens« – das ist Latein und heißt übersetzt »antworten« oder »in Verbindung stehen«. Die Korrespondenten stehen in ständigem Kontakt zu ihren Heimatredaktionen und suchen Antworten auf fast alle Fragen, die ihre Kollegen zum Berichtsgebiet haben.

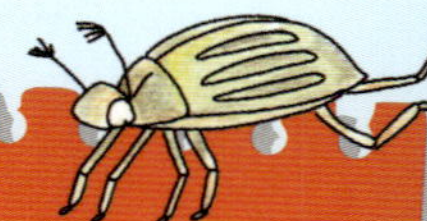

VERRÜCKTE ESSENS-EINLADUNGEN

Weltweit finden Menschen sehr unterschiedliche Dinge lecker. Wenn Korrespondenten unterwegs sind, werden sie deshalb oft von Einheimischen zu ungewöhnlichen Essen eingeladen. Folgende Dinge haben ARD-Korrespondenten während Drehreisen z. B. schon probiert: kalte Hühnerfüße, Bienenlarven, Schweineohren (nicht das Gebäck, sondern echte), Seegurken, Schlangenaal-Suppe, Bananenbier, Kaugummi mit Schinkengeschmack, Schafshirn, Würmer, Maniok-Brei (er wird von den Köchinnen durchgekaut und dann zurück in den Topf gespuckt), gekochte Maikäfer, Ameiseneier-Salat, gebratene Grashüpfer, Stutenmilch, gebratene Meerschweinchen, gekochte Mäuse und Alligatoren-Wurst.[13]

Rätsel

Auch bei Korrespondenten geht mal was schief! Missgeschicke passieren oft während Live-Schalten. Die werden vorher nämlich nicht aufgezeichnet, sondern die Zuschauer hören und sehen direkt, was der Korrespondent zu sagen hat.

Was glaubst du, was ist wirklich schon passiert?
(Mehrere Antworten können richtig sein.)

a. Der Korrespondent soll gerade eine Frage beantworten, da rollt sein Stuhl los und er verschwindet aus dem Bild.
b. Fußballfans setzen dem Korrespondenten während eines Interviews immer wieder einen Strohhut auf.
c. Der Korrespondent steht mitten zwischen Kühen. Plötzlich beginnen sie, an Kabeln zu ziehen, der Ton fällt aus und dann wird auch noch der Bildschirm schwarz.

Lösung:
Richtig sind a., b. und c. Alle drei Missgeschicke sind Korrespondenten der Tagesschau passiert und gesendet worden. Glaubst du nicht? Hier findest du einige der Videos (und auch noch andere Pannen): https://intern.tagesschau.de/versprecher/

3. Weitere Informationsquellen

Die Agenturen und die Korrespondenten sind die wichtigsten Informationslieferanten für Nachrichtenredaktionen. Es gibt aber noch viele weitere Quellen: Manchmal weisen Zuschauer, Behörden oder Firmen auf spannende Themen hin. Oder Journalisten entdecken in anderen – manchmal auch ausländischen – Medien plötzlich interessante Nachrichten. Immer öfter stoßen Nachrichtenredakteure zudem in sozialen Netzwerken im Internet auf Themen, die es später womöglich in die Sendung schaffen. Allerdings müssen sie in all diesen Fällen genau wissen, wie sie vorgehen, denn anders als bei den Agenturen sind diese Neuigkeiten ja noch nicht unabhängig überprüft.

WAS SIND »SOZIALE NETZWERKE«?

Soziale Netzwerke nennt man Internetseiten wie z. B. Twitter, Instagram, Facebook oder YouTube, auf denen die Nutzer sich miteinander austauschen. Sie können dort z. B. Nachrichten, Fotos oder Videos veröffentlichen und sich gegenseitig mitteilen, wie ihnen die Inhalte der anderen gefallen.

Wie funktioniert Twitter?

arsEdition @arsedition · 5 Min.

Twitter ist eine Seite im Internet, die kostenlos jeder nutzen kann, der sich dort anmeldet. Die einzige Bedingung: Man muss älter sein als 13 Jahre. Hauptsächlich machen dort Erwachsene mit, und zwar weltweit viele Hundert Millionen. Journalisten nutzen die Plattform oft, um schnell Hinweise auf Neuigkeiten zu bekommen. Wer sich bei Twitter anmeldet, kann sofort eigene Nachrichten veröffentlichen. Andere Nutzer können diese sogenannten Tweets dann abonnieren, das heißt, ihnen wird automatisch angezeigt, welche Informationen ihre Lieblingstwitterer gerade in die Welt geschickt haben. Sollten sie dabei etwas entdecken, das sie besonders interessant finden, können sie die Nachricht mit einem einzigen Klick an ihre eigenen »Freunde« senden. Wenn diese den Tweet dann auch wieder spannend finden, leiten sie ihn ebenfalls an alle möglichen Menschen weiter. Auf diesem Weg verbreiten sich manche Twitter-Nachrichten innerhalb von Minuten um die ganze Welt. Das kann hilfreich sein, z. B. wenn die Feuerwehr bei Twitter vor einem Wirbelsturm warnt und deshalb alle Menschen in ihren Häusern bleiben sollen. Das kann aber auch kompletter Unsinn sein – denn jeder kann bei Twitter einfach schreiben, was er will, ganz egal, ob es stimmt oder nicht. So können sich also auch Lügen rasend schnell sehr weit verbreiten.

#twitter #news #socialmedia #tagesschau&co

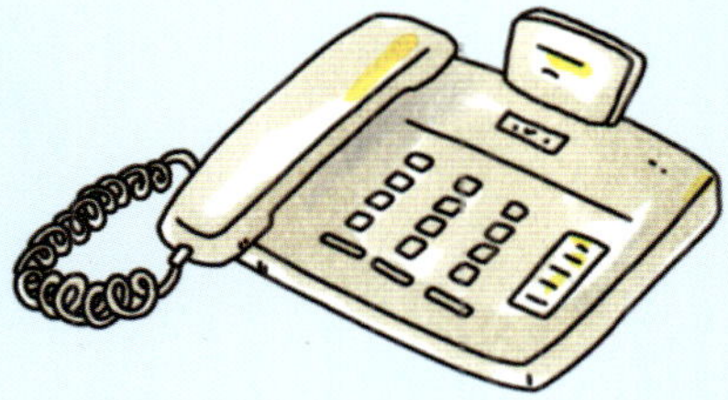

Erinnert ihr euch noch an die Redakteurin Nina? Das war die mit der Meldung über die Fußball-EM. Vielleicht sitzt sie an ihrem Computer in der Redaktion und sieht plötzlich bei Twitter eine Meldung, in der steht, dass vor dem Stadioneingang mitten zwischen wartenden Menschen etwas explodiert ist. Das darf sie auf keinen Fall direkt melden. Denn vielleicht ist tatsächlich etwas Schlimmes geschehen. Womöglich hat aber auch nur ein Fan einen Luftballon platzen lassen. Oder im Extremfall stimmt die Meldung von hinten bis vorne nicht, sondern irgendein Verrückter hat sie sich einfach ausgedacht und bei Twitter veröffentlicht, um sich wichtig zu machen.

Für Nina und ihre Kollegen heißt das: Neuigkeiten, die in sozialen Netzwerken stehen, können stimmen – aber sie müssen nicht stimmen. Sie sind also nicht mehr als ein Hinweis, dem die Redaktion dann nachgehen muss. Nina würde nun vermutlich den Korrespondenten vor Ort anrufen und ihn bitten, zum Stadion zu fahren. Anschließend würde sie selber versuchen, weitere Einzelheiten herauszufinden – also z. B. mit der Polizei telefonieren. Und wahrscheinlich dauert es auch nicht lange, bis die ersten Nachrichtenagenturen geprüfte Meldungen zum Thema schicken.

Denn auch wenn alle Nachrichtenredaktionen die Menschen möglichst schnell und am liebsten noch vor allen anderen über dramatische Geschehnisse informieren wollen – die wichtigste Regel lautet: Was es in die Sendung, in die Zeitung oder ins Onlineangebot schafft, muss stimmen.

➡ DER WICHTIGSTE MERKSATZ IN NACHRICHTENREDAKTIONEN

Bei *Tagesschau, heute, RTL aktuell, logo!* und in vielen anderen Nachrichtenredaktionen gibt es für diese Regel sogar einen richtigen Merksatz. Der lautet: »Be first, but first be right.« Das ist Englisch und heißt ungefähr: »Sei der Erste. Aber als Allererstes berichte keinen Unsinn.«

Anne Gellinek ist Auslandskorrespondentin beim ZDF – sie lebt also in anderen Ländern und berichtet, was dort passiert. Sie hat auch schon in Gebieten gearbeitet, in denen Krieg herrscht. Hier erzählt sie, wie sie dort auf sich aufpasst, ob sie manchmal nachts aus dem Bett geklingelt wird und ob sie im Fernsehen dann noch heimlich ihre Schlafanzughose anhat.

© Foto: ZDF

Sie leben in Brüssel und berichten von dort aus für das ZDF über die Europäische Union und über alle Dinge, die in Belgien, den Niederlanden und Luxemburg passieren. Müssen Sie den ganzen Tag mit dem Flugzeug hin- und herfliegen?

ANNE GELLINEK: Zum Glück liegen Belgien, die Niederlande und Luxemburg so nah beieinander, dass ich nur eine Stunde mit dem Zug fahren muss und schon im nächsten Land bin. Ich muss auch nicht immer überall selber hinreisen. An normalen Tagen komme ich morgens ins Büro, trinke einen Kaffee, und dann überlege ich zusammen mit meinen Kollegen, worüber wir heute berichten und was wir der Redaktion in Mainz anbieten. Dort werden die ZDF-Nachrichten nämlich gemacht.

Und wie geht der Tag dann weiter?

Das ist ganz unterschiedlich. Wenn z. B. ein EU-Gipfel stattfindet, kommen 28 Regierungschefs nach Brüssel und treffen sich gar nicht weit von unserem Büro. Dort laufe ich zu Fuß hin, stelle mich in eine große Gruppe von Journalisten und irgendwann gehen Frau Merkel und der französische Präsident vorbei. Dann rufen wir alle: »Frau Bundeskanzlerin! Was ist denn heute das Tollste?« Und sie sagt: »Wir sind sehr froh, hier auf einem Gipfel zusammengekommen zu sein, ich freue mich auf das Treffen, vielen Dank.« Das ist natürlich keine so aufregende Antwort auf unsere Frage. Und wir haben vorher zwei Stunden in der Kälte gestanden und auf diesen Moment gewartet!

Danach suche ich dann weitere interessante Informationen und Gesprächspartner zum Thema, der Kameramann filmt alles, wir schneiden die Bilder zu einem Beitrag zusammen, ich mache einen Text dazu und wir schicken das Ganze nach Mainz. Und dann läuft das später in den Nachrichten.

Bei EU-Gipfeln wissen Sie vorher, wann die stattfinden. Aber manchmal passieren ja auch Sachen einfach so! Werden Sie dann nachts angerufen und müssen ganz schnell losrasen?

Ja. Es gab in Brüssel z. B. mal einen Terroralarm, die Polizei dachte also, dass Terroristen vielleicht Menschen töten wollten. Da hat frühmorgens mein Telefon geklingelt, als ich noch im Bett lag, und jemand aus der Redaktion in Mainz hat gesagt: »Anne! Es gibt eine Terrorwarnung, es fahren nicht mal mehr die Metros. Du musst sofort ins Büro kommen.« Da bin ich mit dem Auto losgerast.

LIVE

Und dann?

Im Büro habe ich dann mit der Polizei und allen möglichen anderen Leuten telefoniert und Informationen gesammelt. Das musste natürlich ganz schnell gehen! Zum Glück haben mir Kollegen dabei geholfen, die nennt man Producer. Außerdem lese ich dann belgische Nachrichtenagenturen, die schicken Neuigkeiten aus anderen Städten. Anschließend bin ich selber durch die Stadt gelaufen und habe geguckt: Überall war Militär auf den Straßen, Soldaten mit Gewehren sind über Plätze patrouilliert, und das war ein ganz komisches Gefühl. Zum Glück war es falscher Alarm und am Ende ist nichts passiert.

Sie machen für die ZDF-Nachrichten ja nicht nur Filmbeiträge, sondern Sie werden in der Sendung auch oft interviewt. Dabei sieht man immer nur Ihren Kopf. Wenn Sie morgens so schnell losmüssen: Haben Sie da manchmal noch heimlich Ihre Schlafanzughose an?

Eine Schlafanzughose nicht. Aber es kann schon sein, dass ich oben einen schicken Blazer trage und unten eine olle Jeans. Oh, und einmal habe ich über ein Treffen der EU-Kommission aus einem belgischen Badeort berichtet. Ich stand am Strand und hatte oben einen Blazer an und unten nackte Füße. Das war schön, die erste Barfußschalte meines Lebens!

Live-Schalten sind ja ein bisschen so, als wenn man in der Schule an der Tafel rechnen muss. Aber bei Ihnen sehen ja nicht nur 30, sondern gleich Millionen Menschen zu. Wissen Sie vorher immer schon genau, was Sie sagen?

Nicht genau. Aber ich rufe den Moderator vor der Sendung an, und wir besprechen, was er mich gleich fragt. Denn es wäre ja doof, wenn er im Interview etwas von mir wissen will und ich dann sagen muss: »Öhh, das weiß ich doch nicht.« Manchmal stellt er aber trotzdem noch eine Frage, die wir nicht besprochen haben – und dann muss ich improvisieren.

Ist denn schon einmal etwas so richtig schiefgegangen?

Ich habe einmal in einer Live-Schalte aus Versehen »Erdbeeren-Opfer« statt »Erdbeben-Opfer« gesagt. Und dann habe ich leider auch noch einen Lachanfall bekommen, weil das so doof war! Zum Glück habe ich mich aber schnell wieder gefangen.

Ein anderes Mal stand ich ganz frühmorgens während der Fußball-EM in der Ukraine auf einem Campingplatz. Und als ich gerade ins Mikrofon gesagt habe: »Hier herrscht tolle Stimmung, die Leute haben die ganze Nacht gefeiert«, sind hinter mir auf den Knien vier erwachsene Männer durchs Bild gerobbt, die haben so eine Art Polonaise im Kriechgang gemacht! Und ich habe das noch nicht mal gemerkt, denn ich habe ja nach vorne in die Kamera geguckt. Aber die Moderatorin im Fernsehstudio hat das natürlich gesehen und fürchterlich angefangen zu lachen und gesagt: »Anne, dreh dich mal um.« Das war wirklich sehr lustig.

Damals waren Sie ja noch Korrespondentin in Russland. Journalisten haben dort viel weniger Rechte als in Deutschland. Durften Sie von da aus trotzdem berichten, worüber Sie wollten?

Was ich nach Deutschland berichtet habe, war den Russen ziemlich egal. Für die russische Regierung ist wichtig, was russische Journalisten in Russland veröffentlichen. Die sollen nichts melden, was den Politikern dort nicht gefällt. Russische Journalisten landen oft im Gefängnis und manchmal werden sie sogar getötet.

Für ausländische Journalisten ist die Arbeit in Russland viel weniger gefährlich: Ich konnte zwar nicht alles filmen, aber ich durfte im Fernsehen alles sagen, was ich wollte.

Fahren Sie eigentlich auch in Regionen, in denen Krieg ist?

Ja, ich kann nicht vom Büro aus über einen Krieg berichten, sondern ich muss mit eigenen Augen sehen, was dort passiert. Das ist meine Aufgabe.

Ich bin dann natürlich vorsichtig und auch nie alleine unterwegs. In Russland waren wir meistens zu viert: Ich hatte einen Kameramann dabei, einen Assistenten und einen Cutter, also jemanden, der die Bilder zu Filmbeiträgen schneidet. In Kriegsgebieten entscheiden wir dann immer im Team, was wir genau machen. Wenn einer sagt: »Hier habe ich gerade Angst, das traue ich mich nicht, da will ich nicht hin«, dann machen wir es alle nicht.

Haben Sie auch einen Beschützer mit einer Waffe dabei?

Als ich aus dem Tschetschenien-Krieg berichtet habe, gab es das noch nicht. Inzwischen werden Korrespondenten manchmal von Beschützern begleitet. Für uns Journalisten gibt es außerdem Kurse, in denen wir lernen, wie man sich in Kriegsgebieten richtig verhält. Den habe ich auch gemacht, und das hat mir sehr geholfen.

Was haben Sie denn da genau gelernt?

Zum Beispiel, dass in Kriegsgebieten oft Minen vergraben sind. Minen sind so etwas Ähnliches wie Bomben, die explodieren, wenn jemand auf sie tritt. Wir haben gelernt, dass wir immer auf der Straße oder auf ausgetretenen Wegen bleiben müssen und nie einfach so über eine Wiese rennen dürfen, denn dort könnten Minen verbuddelt sein. Im Kurs musste der Lehrer ein paarmal zu mir sagen: »Anne. Du bist tot. Du bist ins Gebüsch gelaufen.« Zum Glück war das aber ja nur eine Übung.

Müssen Sie eigentlich alle Sprachen der Länder sprechen, in denen Sie arbeiten?

Ja, besser ist das. Ich spreche z. B. Russisch, aber zu meinem Berichtsgebiet gehörten damals auch Usbekistan, die Ukraine und Aserbaidschan. Und die Sprachen konnte ich alle nicht. Und jetzt hier in Brüssel sprechen die Menschen in meinem Berichtsgebiet Luxemburgisch, Holländisch und Französisch. Ich kann davon aber nur Französisch sprechen und ein bisschen Holländisch. Ich habe allerdings Kollegen, die mir dann helfen und übersetzen und ab und zu führen sie auch ein Interview für mich.

Haben Sie manchmal Heimweh nach Deutschland?

Ja, manchmal schon. Dann fehlen mir ganz komische Sachen: z. B. deutsches Brot. Hier in Belgien gibt es kein dunk-

LIVE

les Brot mit Körnern. Das kaufe ich mir immer sofort, wenn ich in Deutschland bin. Ich muss ja nur eine Stunde mit dem Auto fahren, und schon bin ich da.

In anderen Ländern finden Menschen ja ganz unterschiedliche Sachen lecker, deshalb müssen Korrespondenten manchmal auch komische Sachen probieren. Was war denn das Ungewöhnlichste, das Sie je gegessen haben?

Als ich als Russland-Korrespondentin in Zentralasien war, sollte ich einmal Hammel-Augen essen, die in so einer Suppe schwammen. Da habe ich ganz schnell behauptet, dass ich Vegetarierin bin und gar kein Fleisch esse. In Russland wird einem außerdem sehr oft Wodka angeboten. Weil ich eine Frau bin, konnte ich da aber auch oft Nein sagen, das war für die Russen in Ordnung. Wenn Männer nicht mittrinken wollen, ist das viel schwieriger. Da antworten viele Einheimische: »Wieso trinken Sie nicht mit mir? Haben Sie keinen Respekt vor mir?«

In Russland waren ja aber auch Männer in Ihrem Team. Waren die dann manchmal ganz betrunken und Sie mussten die nach Hause bringen?

Ja. Einmal mussten wir abends sehr viel Wodka trinken und am nächsten Tag trotzdem früh arbeiten. Da musste der Kameramann einem Kollegen sogar einen Eimer Wasser über den Kopf kippen! Sonst wäre der nicht aufgestanden.

WARUM WÄHLEN JOURNALISTEN EIGENTLICH EINZELNE NACHRICHTEN AUS UND SENDEN NICHT EINFACH ALLES, WAS PASSIERT?

Du freust dich schon den ganzen Tag auf deine Lieblingsshow, hast extra eine Tüte Chips besorgt und abends legst du dich gemütlich auf das Sofa und schaltest den Fernseher oder den Livestream an. Doch statt der Anfangsmusik laufen Nachrichten: Im Polarmeer hat ein Wal ein Fischerboot gerammt, die Königin von England hat in Afrika einen lebenden Elefanten geschenkt bekommen, Kinder in Spanien haben die größte Sandburg der Welt gebaut. Du wartest und wartest, doch der Film fängt nicht an. Stattdessen: Nachrichten, Nachrichten und nochmals Nachrichten. So oder so ähnlich würde ein Fernsehabend aussehen, wenn Journalisten nicht auswählen würden, welche Neuigkeiten sie melden und welche nicht. Im Fernsehen käme nichts anderes mehr als Nachrichten, und zwar an sieben Tagen in der Woche, 24 Stunden rund um die Uhr.

Und selbst dann wäre es völlig unmöglich, wirklich alles zu senden, was in der Welt passiert. Denn es gibt auf der Erde rund 200 Länder, in denen insgesamt mehr

Übrigens …

… hat die Königin von England tatsächlich mal einen lebenden Elefanten geschenkt bekommen. Und zwar in Kamerun. Sie und Prinz Philip waren damals genau 25 Jahre verheiratet, und deshalb wollte der dortige Präsident der Queen eine ganz besondere Freude machen. Er schenkte ihr zur Silberhochzeit einen sieben Jahre alten Elefantenbullen namens »Jumbo«.[14]

als sieben Milliarden Menschen wohnen. Wenn man sich nun vorstellt, jede Neuigkeit, die sich täglich irgendwo ereignet, wäre eine grüne Erbse: Dann würden all diese Erbsen zusammen vermutlich ein wirklich großes Schwimmbecken füllen. Obwohl Korrespondenten und Agenturjournalisten ständig auf der Suche nach Nachrichten für deutsche Medien sind, erfahren sie von allen Neuigkeiten, die in der Welt passieren, geschätzt aber trotzdem nur einige Zehntausend, das wäre in Erbsen ausgedrückt ungefähr eine Schubkarre voll. Nun wird aber noch einmal aussortiert: Denn an die *Tagesschau*, *heute*, *RTL aktuell*, *logo!* oder andere Nachrichtenanbieter schicken die Agenturen und Korrespondenten nur die interessantesten Geschichten, immerhin noch mehrere Tausend. Ganz am Ende schaffen es aber nur etwa zehn Themen wirklich in die Hauptnachrichtensendungen – oder anders gesagt: ein Löffel voller Erbsen.

Nachrichtenjournalisten sind also einen Großteil des Tages damit beschäftigt, »unwichtige« Nachrichten auszusortieren und die »richtigen« Neuigkeiten auszuwählen. Dass das oft schwierig ist, kann man sich leicht vorstellen. Wenn z. B. deine Klasse die Nachrichten des Tages aussuchen sollte, würde vermutlich jeder etwas anderes vorschlagen: Die einen interessieren sich besonders für Fußball, die nächsten vielleicht mehr für Tierschutz oder Kinderrechte.

Auch Nachrichtenjournalisten sind oft unterschiedlicher Meinung. Damit sie sich leichter einigen können und um die Zuschauer bestmöglich zu informieren, gelten bei *Tagesschau*, *heute*, *RTL aktuell*, *logo!* und in vielen anderen Nachrichtenredaktionen klare Grundregeln, die überall sehr ähnlich sind und an die sich alle halten. Streit gibt es aber trotzdem manchmal.

Rätsel

Täglich kommen in der *Tagesschau*-Redaktion rund 3000 Agenturmeldungen an. Würde man nun eine 20-Uhr-Ausgabe ausnahmsweise ganz ohne Filmbeiträge senden und der Sprecher stattdessen einfach nur knapp diese 3000 Neuigkeiten vortragen:

Wie lang würde die Sendung in etwa dauern?

a. Etwa zwei Stunden
b. Etwa fünf Stunden
c. Etwa 20 Stunden

Lösung:
Richtig ist Antwort c. Pro Wortmeldung benötigen die Tagesschau-Sprecher etwa 25 Sekunden.[15] *Eine Tagesschau-Sendung mit 3000 verschiedenen Themen würde also etwas länger als 20 Stunden dauern.*

UND WIE WIRD JETZT AUSGEWÄHLT?

Nina sitzt an ihrem Computer in der Redaktion. Vor sich hat sie zwei Bildschirme. Auf dem linken schreibt sie ihre Meldungen. Auf dem rechten laufen wie an einem breiten langen Band unablässig die Neuigkeiten der Nachrichtenagenturen durch – die neuesten stehen ganz oben und rutschen weiter nach unten, sobald die nächste Nachricht eintrifft. Das passiert alle paar Sekunden, Nina hat also viel zu tun. Sie liest zunächst immer nur die Überschrift und die ersten Zeilen der Meldung und entscheidet dann, ob sie interessant sein könnte.

Aber interessant für wen eigentlich? Um die Meldungen zügig zu sortieren, müssen Nachrichtenredakteure möglichst genau wissen, wer ihre Sendung eigentlich ansieht. Das ist natürlich ziemlich schwierig, denn z. B. die *Tagesschau* schalten ja Millionen Menschen ein. Einige von ihnen finden vielleicht Autothemen besonders spannend, andere womöglich eher Umweltschutzgesetze. Und doch gibt es eine Sache, die fast alle *Tagesschau*-Zuschauer gemeinsam haben: Sie leben nämlich in Deutschland. Und genauso ist es bei *heute*, *RTL aktuell* oder *logo!*.

Möglichst genau darüber informiert zu sein, wer zusieht, macht es einfacher, die richtigen Meldungen auszuwählen. Nina geht mit diesem Wissen im Hinterkopf jetzt verschiedene Punkte durch, die in Redaktionen »Nachrichtenfaktoren«[16] genannt werden.

1. Ist die Meldung nah dran?

Damit ist gemeint, ob die Neuigkeit in Deutschland passiert ist oder wichtig für Deutschland ist. Wenn beispielsweise bestimmte Autos in Hamburg, Berlin und Stuttgart nicht mehr fahren dürfen, weil sie die Luft verpesten, dann ist das für die Menschen interessanter, als wenn das in Quetzaltenango, Llanfairpwllgwyngyllgogerychwyrndrobwllllantysiliogogogoch oder Saint-Louis-du-Ha! Ha! der Fall ist.

➡ BITTE WO?

Quetzaltenango ist eine Stadt in Guatemala, Llanfairpwllgwyngyllgogerychwyrndrobwllllantysiliogogogoch eine Gemeinde in Großbritannien und Saint-Louis-du-Ha! Ha! liegt in Kanada. Den Menschen dort wäre es vermutlich piepegal, welche Autos in deutschen Städten fahren dürfen. Deshalb würde es das Thema dort auch nicht in die Nachrichten schaffen.

2. Ist sie bedeutsam?

Je mehr Menschen von der Meldung betroffen sind, desto bedeutsamer ist sie. Wenn Politiker in Deutschland beispielsweise beschließen würden, dass Kinder ab sofort 100 Euro Taschengeld pro Monat vom Staat bekommen, würde sich dadurch für Millionen Familien etwas verändern.

3. Ist die Meldung wirklich neu?

Als neu gelten in Nachrichtenredaktionen nur Dinge, die höchstens seit 24 Stunden bekannt sind.

4. Ist die Meldung bestätigt?

Bestätigt sind Meldungen, in denen es nicht nur um ein Gerücht geht.

»MANN BEISST HUND« – WAS IST DAS DENN FÜR EIN QUATSCH?

Ob du es glaubst oder nicht: Das ist tatsächlich schon passiert. Und zwar in München. Da bemerkten Polizisten am Hauptbahnhof einen betrunkenen Matrosen. Sie gingen hin und fragten nach seinem Ausweis. Doch der 38-Jährige wollte sich nicht kontrollieren lassen, stürzte sich stattdessen auf den Polizeihund – und biss ihn in den Nacken. Der Hund trug einen Maulkorb und konnte deshalb nicht zurückbeißen.[17]

5. Sind wichtige Staaten oder Personen betroffen?

Wenn die Königin von England 90 Jahre alt wird, ist das für viele Menschen wichtiger, als wenn deine Oma Geburtstag hat. Und als wichtige Staaten gelten Länder, die besonders mächtig sind. Wenn z. B. der Präsident der USA beschließt, dass sein Land nicht mehr beim Klimaschutz mitmacht, ist das wichtiger, als wenn der Zwergstaat Tuvalu das entscheidet.

6. Ist die Meldung überraschend oder ungewöhnlich?

Wenn ein Hund einen Mann beißt, ist das nicht besonders ungewöhnlich. Ganz anders liegen die Dinge aber, wenn ein Mann einen Hund beißt!

Es gibt noch weitere Nachrichtenfaktoren, aber die genannten sechs sind sehr wichtig. Nina prüft nun, wie viele dieser Punkte auf die Agenturmeldung zutreffen – je mehr es sind, desto höher ist die Wahrscheinlichkeit, dass die Meldung es in die Sendung schafft.

»Aber wie soll das bei Tausenden Meldungen pro Tag denn in Wirklichkeit funktionieren?«, denkst du jetzt vielleicht. »Man kann sich ja wohl kaum für jede Nachricht ein Quiz ausdenken!« Das stimmt natürlich. Aber erstens sitzt Nina ja nicht alleine in der Redaktion, die Journalisten teilen die verschiedenen Themengebiete unter sich auf. Zweitens helfen auch die Agenturen mit: Sie bewerten schon vorab, wie viele Nachrichtenfaktoren auf eine Meldung zutreffen. Wenn eine Neuigkeit besonders viele Punkte erreicht, wird sie mit einer Eins oder Zwei gekennzeichnet, unwichtigere Meldungen kriegen vielleicht nur eine Fünf. Und drittens kennen sich Journalisten in Nachrichtenredaktionen ziemlich gut aus – je länger sie in ihrem Beruf arbeiten, desto schneller und sicherer werden sie auch bei der richtigen Auswahl von Meldungen.

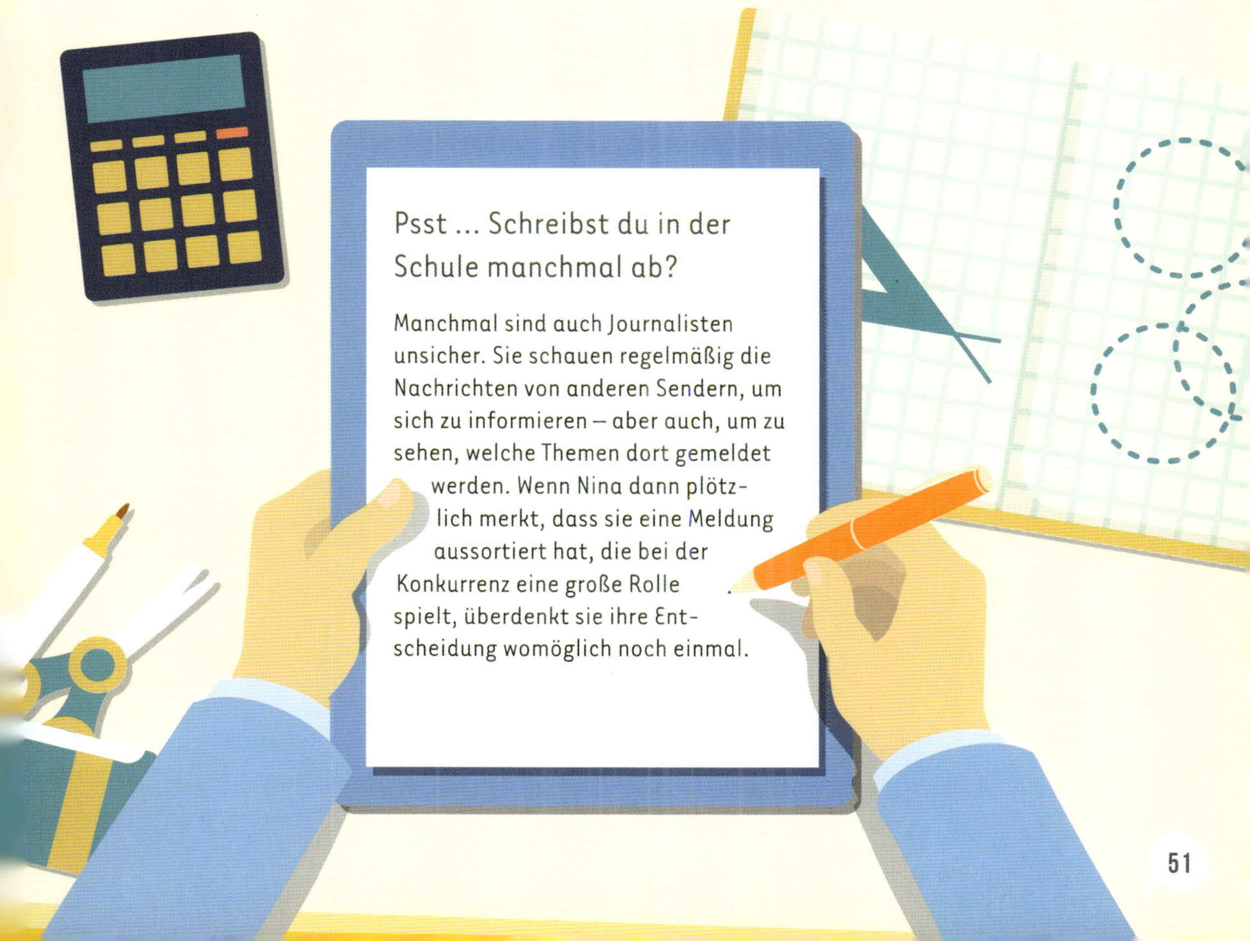

Psst ... Schreibst du in der Schule manchmal ab?

Manchmal sind auch Journalisten unsicher. Sie schauen regelmäßig die Nachrichten von anderen Sendern, um sich zu informieren – aber auch, um zu sehen, welche Themen dort gemeldet werden. Wenn Nina dann plötzlich merkt, dass sie eine Meldung aussortiert hat, die bei der Konkurrenz eine große Rolle spielt, überdenkt sie ihre Entscheidung womöglich noch einmal.

Rätsel

Welche Meldung würde es vermutlich in die *Tagesschau* schaffen?
Tipp: Prüfe bei jeder Meldung, wie viele Nachrichtenfaktoren zutreffen.

1. Nach bislang noch nicht bestätigten Berichten sind vor vier Wochen in einer Schule in China die Toiletten ausgefallen. Die Kinder durften deshalb angeblich zwei Stunden früher nach Hause gehen.

→ Welche Nachrichtenfaktoren treffen zu? Kreuze an: Nah dran? Bedeutsam? Neu? Eindeutig? Wichtige Staaten oder Personen betroffen? Überraschend oder ungewöhnlich?

2. Die Königin von England ist in der chinesischen Hauptstadt Peking heute mit einer Polizeieskorte und Blaulicht zurück ins Hotel gebracht worden. Diese Meldung ist bislang noch nicht bestätigt. Offenbar hatte die Queen zuvor eine Schule besichtigt, in der alle Toiletten ausgefallen waren. Ob das der Grund für die überstürzte Fahrt ins Hotel war, ist nicht bekannt.

→ Ist diese Meldung: Nah dran? Bedeutsam? Neu? Eindeutig? Sind wichtige Staaten oder Personen betroffen? Ist sie überraschend oder ungewöhnlich?

3. In Hunderten Schulen in Deutschland ist heute der Unterricht ausgefallen. Das bestätigte das Bildungsministerium. Aus Protest gegen Baumängel hatten Zehntausende Schüler und Eltern gemeinsam Sitzstreiks vor Schuleingängen organisiert. »Viele Schulen in Deutschland bekommen so wenig Geld, dass sie nicht mal die nötigsten Dinge reparieren können. In unserer Schule z. B. sind seit Wochen die Toiletten kaputt«, sagte einer der Organisatoren. Es ist das erste Mal, dass wegen eines Schülerstreiks flächendeckend der Unterricht ausgefallen ist.

→ Ist diese Meldung: Nah dran? Bedeutsam? Neu? Eindeutig? Sind wichtige Staaten oder Personen betroffen? Ist sie überraschend oder ungewöhnlich?

Lösung:
Auf Meldung 1 trifft kein einziger Nachrichtenfaktor zu. Meldung 2 bekommt immerhin drei Punkte: Sie ist neu, es ist eine wichtige Person betroffen, und es wäre schon ungewöhnlich, wenn die Queen mit Blaulicht durch die Stadt rast, nur weil sie zur Toilette muss. Trotzdem würde die Neuigkeit es eher nicht in die Tagesschau schaffen. Meldung 3 hingegen würde sehr sicher gemeldet: Denn das Ganze hat sich in Deutschland ereignet, es sind Zehntausende Schüler betroffen, die Meldung ist neu und vom Ministerium bestätigt – und überraschend ist sie auch, denn noch nie haben so viele Schüler auf einmal eine solch riesige Protestaktion organisiert. Sie bekommt also fünf von sechs Punkten.

UND WENN ES STREIT GIBT?

Du kommst aus der Schule und hast Bärenhunger. »Es gibt Bolognese!«, ruft dein Vater aus der Küche. »Und die wird super! Ganz anders als bei Mama!«

Du freust dich. Allerdings nur so lange, bis die Soße auf deinem Teller landet: Die ist nicht nur aus Hackfleisch und Tomaten, da sind Möhren drin! Ernsthaft! Und was bitte ist dieses ekelhafte Grüne?

Es klingt ziemlich lustig, aber dein Vater mit seiner Soße und Journalisten, die Nachrichten zusammenstellen, haben einiges gemeinsam. Nachrichtenfaktoren sind für die Redakteure so eine Art Kochbuch. Allerdings ein ziemlich allgemeines, im übertragenen Sinne steht da nämlich einfach nur: Hackfleisch, pürierte Tomaten, Zwiebeln, Salz, Pfeffer. Und nicht, wie viel man wovon nehmen sollte, in welcher Reihenfolge und ob weitere Zutaten die Soße vielleicht noch besser machen würden.

Hast du jetzt auch Hunger?

Dann probiere das weltbeste Bolognese-Rezept (ohne Möhren und Grünzeug):

Zutaten: 500 Gramm Kirschtomaten, 6 Esslöffel Olivenöl, 3 Esslöffel Balsamico-Essig, 2 Esslöffel brauner Zucker (evtl. auch etwas weniger, je nach Süße der Tomaten), Salz und Pfeffer, 500 Gramm Hackfleisch.

Backofen auf 200 Grad vorheizen. Tomaten abspülen und halbieren. In einer Schüssel mit Olivenöl, Balsamico, Zucker, Salz und Pfeffer mischen und anschließend auf ein mit Backpapier ausgelegtes Backblech geben. Etwa 20 Minuten im Backofen rösten. Währenddessen das Hackfleisch in Olivenöl krümelig braun braten. Mit Salz und Pfeffer würzen.

Backofen-Tomaten pürieren und zum Fleisch geben. Mit Nudeln essen.

Guten Appetit!

Beim Hackfleisch und den Tomaten – oder anders gesagt: über die wirklich unverzichtbaren Themen des Tages, bei denen wirklich viele und wichtige Nachrichtenfaktoren erfüllt sind – sind Nachrichtenjournalisten sich in der Regel einig. Und zwar ganz egal, ob sie für die *Tagesschau*, *heute*, *RTL aktuell* oder andere Redaktionen arbeiten. Deshalb fallen die Sendungen oft auch ähnlich aus.

Ganz anders sieht das aber bei den weiteren Zutaten aus. Denn wenn die absolut unverzichtbaren Themen feststehen, ist meistens noch Platz übrig. Genau wie die Bolognese soll die Sendung aber besonders gut werden, am allerbesten noch toller als die der Konkurrenz. Und darüber, wie das gelingen kann, gibt es in Redaktionen jeden Tag Diskussionen.

Beispielsweise ist in der Sendung noch Platz für genau eine Nachricht, auf dem Tisch liegen aber noch zwei interessante Agenturmeldungen. Nämlich: Aus Protest gegen die sinkenden Milchpreise sind 3000 Landwirte mit ihren Traktoren zum Kanzleramt nach Berlin gefahren und haben dort demonstriert. Und gleichzeitig haben vor dem Gesundheitsministerium 3000 Hebammen protestiert, weil sie künftig weniger Geld verdienen sollen, wenn sie bei Geburten helfen. Für Nina ist die Sache klar: Sie ist auf dem Land aufgewachsen und weiß, wie wichtig das Thema Milchpreise dort für viele Menschen ist. Ihr Kollege Willi sieht das ganz anders. Er ist der Gesundheitsexperte der Redaktion und hält die Hebammen-Meldung für bedeutender.

Und nun? Zu diesen Diskussionen kommt es in Nachrichtenredaktionen nicht nur ab und zu, sondern jeden Tag, und zwar nicht nur einmal, sondern bei Dutzenden von Themen. Und weil das so ist und auch so sein soll, finden die Streits geplant statt: Die Journalisten treffen sich dafür zu Konferenzen. Die Uhrzeiten sind genau festgelegt. Für die 20-Uhr-Ausgabe der *Tagesschau* z. B. treffen sich die Redakteure unter anderem um 10.30 Uhr, 13 Uhr, 15.15 Uhr und 18 Uhr,[18] denn viele Dinge entwickeln sich weiter, oder es passiert z. B. um 16 Uhr noch etwas, mit dem morgens noch keiner gerechnet hat. In den Konferenzen diskutieren die Redakteurinnen und Redakteure dann ausführlich über die verschiedenen Themen oder anders ausgedrückt: über das beste Rezept für die perfekte Sendung.

Willi und Nina einigen sich mit ihren Kollegen am Ende auf einen Kompromiss: Die Hebammen *und* die Landwirte schaffen es in die Sendung. Allerdings nicht lang und ausführlich, sondern jeweils nur mit einem kurzen Beitrag.

➡ JOURNALISTEN SIND AUCH NUR MENSCHEN

Nina ist nicht nur auf dem Land aufgewachsen, ihre Eltern haben sogar einen Bauernhof mit 250 Kühen. Und Willi ist nicht nur der Gesundheitsexperte der Redaktion, sondern seine Frau ist auch noch schwanger. Auch wenn die beiden es versuchen – sie können nicht ganz verhindern, dass das ihre Meinung über die Agenturmeldungen beeinflusst. Aber eigentlich sollen sie die Zuschauer doch so neutral und objektiv wie möglich informieren! Auch aus diesem Grund gibt es so viele Konferenzen: Wenn Nachrichtenjournalisten mehrmals täglich miteinander ihre Argumente austauschen, wird es unwahrscheinlicher, dass persönliche Betroffenheit zu starken Einfluss nimmt.

Pressemitteilung
Aktuelles +++ Informationen +++ Nachrichten +++ Aktuelles +++ Informationen +++ Nac

ATTITUDE
Organic Coffee
CAFE CULTURE
TAKE LIFE ONE SIP AT A TIME
FREEDOM
KEEP YOURSELF OCCUPIED
FEAR DOESN'T SHUT YOU DOWN, IT WAKES YOU UP
BACKPACKER
FOLLOW YOUR DREAM AND MAKE IT HAPPEN
EXPEDITION
UNPLUGGED
FREE SPIRIT
COMMUNICATION
DO MORE OF WHAT MAKES YOU HAPPY
54
MARKETING
ENJOY YOUR JOURNEYS
VOYAGE
EXPLORATION
FOLLOW YOUR DREAM AND MAKE IT HAPPEN
RECREATION
DREAM IT, WISH IT, DO IT

Nachrichten

WARUM KOMMEN MANCHE LÄNDER SO OFT VOR UND ANDERE NIE?

Uganda kommt fast nie in der *Tagesschau* vor. Die USA schon. Island spielt in den Berichten von *RTL aktuell* so gut wie keine Rolle. Israel sehr wohl. In fast keiner *heute*-Sendung wird Fidschi erwähnt. Dafür aber Frankreich. Doch in all diesen Ländern finden Wahlen statt, werden neue Gesetze beschlossen oder ereignen sich Katastrophen – also warum tauchen einige ständig in den Nachrichten auf und andere so gut wie nie? Die Antwort hat wieder mit Nachrichtenfaktoren zu tun, und zwar vor allem mit den Punkten »Nähe« und »Bedeutsamkeit«, also der Frage: Wie wichtig ist die Meldung für die Menschen in Deutschland?

Frankreich z. B. liegt direkt neben Deutschland, die Regierungen beider Länder arbeiten eng zusammen und Firmen diesseits und jenseits der Grenze machen oft Geschäfte miteinander. Wenn in Frankreich eine neue Regierung gewählt wird, ist das deshalb wichtiger für die Menschen in Deutschland, als wenn das Gleiche in Fidschi passiert.

Und so ähnlich ist es auch bei Katastrophen: Wenn bei einem Erdrutsch in den USA zahlreiche Menschen ums Leben kommen, wird darüber eher berichtet, als wenn das Gleiche in Uganda passiert. Und das, obwohl die Menschen in Uganda viel ärmer sind als in den USA und vielleicht dringender Hilfe aus Deutschland bräuchten. Doch die meisten Deutschen fühlen sich enger mit Amerika verbunden, viele waren dort schon einmal im Urlaub oder haben Freunde und Verwandte in den USA. Über Uganda wissen die meisten Menschen hierzulande hingegen nicht mehr, als dass es ein armes Land in Afrika ist.

»Aber das ändert sich ja nie, wenn keiner darüber berichtet«, denkst du jetzt vielleicht. Und damit hast du recht. Es ist aber schwierig, für dieses Problem eine allgemeine Lösung zu finden, die wirklich gut funktioniert.

Und deshalb diskutieren die Redaktionen auch hier wieder und wägen ab: Ist es richtig, über den Erdrutsch in Uganda nicht zu berichten, nur weil er sich für die Zuschauer weit entfernt anfühlt? Sollen wir die Entscheidung heute einmal anders treffen, weil die Lage vor Ort offenbar immer dramatischer wird? Und berichten wir dafür vielleicht lieber doch nicht über die Demonstrationen der Hebammen und Landwirte in Berlin?

WARUM SIEHT MAN IN DEN NACHRICHTEN EIGENTLICH SO SELTEN KINDER?

Wenn nur 100 Menschen auf der Welt leben würden, wären etwa 26 von ihnen Kinder.[19] Oder anders gesagt: Ungefähr jeder vierte Mensch auf der Erde ist jünger als 15 Jahre alt. Doch obwohl das so ist, tauchen in der *Tagesschau*, bei *heute* oder *RTL aktuell* so gut wie nie Kinder auf. Warum ist das eigentlich so?

Eine Erklärung dafür ist, dass die meisten Kinder ein ganz normales Leben führen: Sie gehen zur Schule, treffen sich mit Freunden, gehen zum Sport. Nur wenige Kinder sind so wie Greta Thunberg, organisieren Großveranstaltungen, entwickeln politische Pläne oder halten wichtige Reden. Das ist bei Präsidenten, Kanzlerinnen oder Ministern natürlich anders – und die sind eben erwachsen.

Die *Tagesschau*, *heute* oder *RTL aktuell* erwähnen Kinder auch deshalb selten, weil es Nachrichtensendungen sind, die hauptsächlich für Erwachsene gemacht werden. Und weil Journalisten ja immer darüber nachdenken, was die Zuschauer ihrer Sendung besonders interessieren könnte, wählen sie dann eben auch die Themen entsprechend aus.

Bei *logo!* ist das anders: Weil die Redakteure dort wissen, dass viele Kinder zusehen, kommen auch in den Beiträgen viel häufiger Kinder vor. Außerdem stellen bei *logo!* Kinderreporter (s. Seite 13) Fragen, die sie besonders interessieren.

MALALA YOUSAFZAI

Manchmal tun aber auch Kinder so außergewöhnliche Dinge, dass sie in wirklich vielen Nachrichtensendungen vorkommen. Eines davon ist Malala Yousafzai. Sie stammt aus Pakistan. Dort haben Mädchen weniger Rechte als Jungen. Sie dürfen z. B. viel seltener zur Schule gehen. Das fand Malala so ungerecht, dass sie schon mit elf Jahren anfing, sich dagegen zu wehren. Sie veröffentlichte regelmäßig Blogbeiträge, das heißt, dass sie Tagebuch führte und jeder es im Internet lesen konnte. In Pakistan gibt es eine Terrorgruppe, die Taliban. Sie bekämpfen Menschen, die sich für die Rechte von Mädchen und Frauen einsetzen. Und sie machen noch nicht einmal vor Kindern halt: Sie griffen Malala im Schulbus an und verletzten sie schwer. Malala überlebte und zog mit ihren Eltern nach England um. Einschüchtern ließ sie sich nicht: Sie schrieb weiter Artikel und hielt Reden, in denen sie mehr Rechte für Mädchen forderte. Für ihren Mut und ihren Einsatz bekam sie 2014 sogar den Friedensnobelpreis, überall in der Welt wurde über sie berichtet. Inzwischen ist Malala erwachsen und will Politikerin werden.

WARUM KOMMEN FAST NUR SCHRECKLICHE NACHRICHTEN VOR?

Terroranschläge, Flugzeugabstürze, Wirbelstürme – wer Nachrichten ansieht, kann leicht Angst bekommen. Fast immer folgt eine schreckliche Meldung auf die nächste. Und gute Neuigkeiten spielen kaum eine Rolle. Aber warum ist das eigentlich so?

Teste dich mal selbst:

Welche Meldung findest du spontan interessanter?

a. »Es ist ein Horrorszenario für alle Eltern: Alle 20 Minuten wird in Deutschland ein Kind bei einem Verkehrsunfall verletzt.«

b. »In Deutschland werden immer weniger Kinder im Straßenverkehr verletzt. In den 1950er-Jahren kamen in Deutschland deutlich mehr Minderjährige bei Unfällen ums Leben als heute.«

Beide Nachrichten sind übrigens richtig.[20] Vermutlich hast du dich aber für Antwort a. entschieden – denn die große Mehrheit der Menschen interessiert sich mehr für schlechte Neuigkeiten als für gute.

Warum das so ist, untersuchte der US-Wissenschaftler John Cacioppo. Er zeigte Menschen Bilder von schönen Dingen, z. B. von einem Ferrari oder einer leckeren Pizza. Außerdem bekamen sie gruselige Sachen wie eine tote Katze oder ein verletztes Gesicht zu sehen. Cacioppo maß gleichzeitig die Gehirnströme und stellte fest, dass die Menschen viel stärker auf die Fotos mit den schrecklichen Abbildungen reagierten.[21]

Der Grund dafür liegt vermutlich in unserer Vergangenheit und ist ein Erbe unserer Vorfahren. Vor Millionen von Jahren war das Leben viel gefährlicher als heute. Die Menschen konnten nicht in den Supermarkt gehen, um Essen einzukaufen. Sie mussten selbst Tiere jagen oder Beeren sammeln. Und sie hatten auch keine Gewehre, um sich zu verteidigen, wenn im Wald plötzlich ein Sä-

Rätsel

Wenn es nur 100 Kinder auf der Welt geben würde, was glaubst du:

Wie viele von ihnen wären geimpft?

a. Ungefähr 20
b. Etwa 50
c. Rund 80

Lösung:
Richtig ist Antwort c. Rund 80 Prozent aller einjährigen Kinder auf der Welt sind geimpft. Bei einer Umfrage in Deutschland tippten übrigens nur sechs Prozent auf die richtige Antwort. Alle anderen dachten, es wären viel weniger Kinder geimpft.[22] Sie rechneten also mal wieder mit dem Schlimmsten (obwohl es ja gar keine Säbelzahntiger mehr gibt).

belzahntiger vor ihnen stand. Wer also immer mit dem Schlimmsten rechnete, konnte schneller fliehen und hatte damit bessere Chancen zu überleben. Wissenschaftler gehen davon aus, dass unser Gehirn – ohne dass es uns bewusst ist – noch sehr ähnlich funktioniert wie das unserer Urväter und Urmütter. Und dass, obwohl es gar keine Säbelzahntiger mehr gibt.

Journalisten finden, genau wie die meisten anderen Menschen, spontan schlimme Nachrichten interessanter. Ihnen ist aber darüber hinaus klar, dass es ihren Zuschauern genauso geht und sie die Sendung deshalb besonders sehenswert finden.

Es gibt aber noch eine weitere Erklärung. Schlimme Ereignisse wie z. B. Terroranschläge, Flugzeugkatastrophen oder Unwetter sind Dinge, die sehr häufig plötzlich und unerwartet passieren. Gute Neuigkeiten sind hingegen öfter das Ergebnis eines lange dauernden Prozesses. Zum Beispiel ist eine Impfaktion der Weltgesundheitsorganisation, die Kinder vor schweren Krankheiten schützt, auf viele Jahre angelegt und endet nie, weil ja immer neue Kinder auf die Welt kommen. Für die Nachrichtenauswahl heißt das: Es ist viel unwahrscheinlicher, dass so eine gute Neuigkeit überhaupt bekannt wird, denn es ist fraglich, ob überhaupt ein Agenturjournalist oder Korrespondent auf das Thema aufmerksam wird. Und wenn ja, ob die Kollegen in den Nachrichtenredaktionen die Neuigkeit so spannend finden, dass sie in die Sendung kommt.

Viele Menschen finden, dass zu viel über schlimme und zu wenig über gute Dinge berichtet wird. Und inzwischen gibt es sogar tatsächlich einige Medien, die versuchen, es anders zu machen. Einige Redaktionen in den Niederlanden, Schweden, Dänemark, den USA, Großbritannien, Frankreich und auch in Deutschland melden bewusst auch positive Ereignisse, begleiten Geschehnisse über längere Zeit und zeigen so oft wie möglich auch Lösungen für Probleme auf.[23] Diese Art der Berichterstattung nennt man »Konstruktiven Journalismus«. Vermutlich wird er sich aber nicht flächendeckend durchsetzen.

WAS DU TUN KANNST, WENN NACHRICHTEN DIR ANGST MACHEN

➡ GLÜCKSPILZ

Vor einigen Jahren hat ein Zwölfjähriger in Weil am Rhein tatsächlich mehrere Hunderttausend Euro im Lotto gewonnen. Noch toller ist aber die Vorgeschichte: Der Vater hatte den Tippschein vor der Abgabe entdeckt und in den Müll geworfen, weil er nicht wollte, dass sein Sohn für solche Dinge Geld ausgibt. Die Mutter holte den Zettel jedoch wieder aus der Tonne, kreuzte noch einmal die gleichen Zahlen an wie der Zwölfjährige und brachte das Los zur Annahmestelle. Die beiden zusammen gewannen mehrere Hunderttausend Euro.[24]

Jeden Tag passieren auf der Welt viele schöne Sachen: Forscher entdecken ein lebensrettendes Medikament, verschüttete Touristen werden aus einer Höhle gerettet oder ein Kind gewinnt mehrere Hunderttausend Euro im Lotto.

Doch gleichzeitig geschehen zahllose grausame Dinge: Kriege brechen aus, Menschen sterben durch Terroranschläge, Häuser stürzen bei Erdbeben ein. Das ist oft schwer auszuhalten, auch für Erwachsene. Kinder bekommen manchmal sogar richtig Angst, wenn sie Nachrichten ansehen, und machen sich große Sorgen, dass ihnen oder ihrer Familie ebenfalls so etwas Schreckliches passieren könnte. Wenn es dir auch einmal so gehen sollte, helfen dir vielleicht die Tipps auf Seite 66.

Hier kannst du dich im Internet gut selber informieren

- www.blinde-kuh.de, www.frag-finn.de oder www.helles-koepfchen.de sind Suchmaschinen, die nur Ergebnisse anzeigen, die für Kinder leicht zu verstehen sind.
- Unter www.kiraka.de, www.logo.de oder https://kinder.wdr.de/tv/neuneinhalb findest du z. B. gut aufbereitete Kindernachrichten und Hintergründe.
- Solltest du in den Nachrichten einmal mit einzelnen Wörtern nichts anfangen können: Unter www.hanisauland.de gibt es ein Lexikon, in dem Nachrichten-begriffe so erklärt werden, dass Kinder sie verstehen.

TIPP 1

Zieh die Statistik zurate: Bei mehr als sieben Milliarden Menschen auf der Welt ist es sehr unwahrscheinlich, dass ausgerechnet dir eine schlimme Katastrophe zustößt. Du hast dich wahrscheinlich noch nie davor gefürchtet, in deinem Zimmer vom Stuhl zu fallen und dabei zu sterben. Und du hattest wahrscheinlich auch noch keine Angst davor, dass dich der Blitz trifft, wenn du aus dem Haus gehst. Trotzdem ist es in Wahrheit so, dass mehr Menschen bei Unfällen im Haushalt oder durch Blitzschlag getötet werden als z. B. durch einen Terroranschlag.[25]

Sieben Milliarden ist eine Sieben mit neun Nullen, also 7 000 000 000. Damit du dir ungefähr vorstellen kannst, wie viel das ist: Wenn alle Menschen der Welt nacheinander für eine halbe Sekunde in die Hände klatschen würden – dann wären erst nach mehr als 100 Jahren alle einmal dran gewesen.

TIPP 2

Schau dir Nachrichtensendungen nicht alleine an. Sie sind für Erwachsene gemacht, es wäre also gut, wenn deine Eltern oder Großeltern sie mit dir zusammen sehen. Dann kannst du direkt nachfragen, wenn du etwas nicht verstehst, oder ihnen sagen, wenn du dir wegen bestimmter Meldungen Sorgen machst.

TIPP 3

Sind gerade keine Erwachsenen in der Nähe, um Fragen zu beantworten oder um über Sorgen zu sprechen, kannst du dich auch selbst im Internet schlaumachen: Rufe Seiten auf, die extra für Kinder und Jugendliche gemacht sind und auf denen alles noch einmal ganz genau erklärt wird (s. Seite 65).

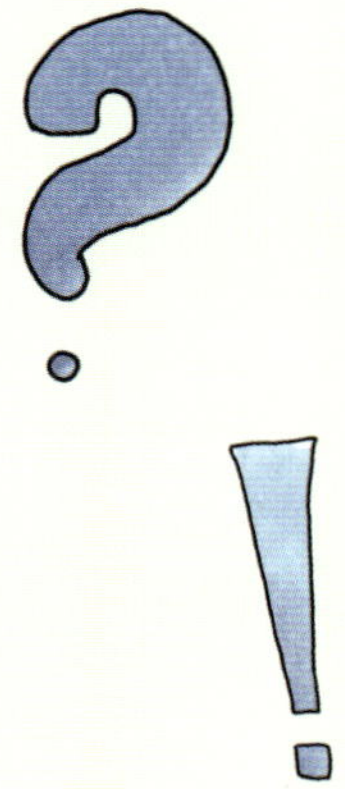

TIPP 4

Informiere dich bei Nachrichtensendungen speziell für Kinder: Das geht dann auch gut alleine. Deren Redaktionen, wie etwa die von *logo!* oder *neuneinhalb*, achten besonders darauf, keine zu sehr erschreckenden Bilder zu zeigen und alles genau zu erklären. Und manche Redaktion ist auch nach der Sendung für dich da, wenn du dir Gedanken machst. Du kannst direkt per E-Mail, Post oder Telefon bei ihr noch einmal nachfragen. Nach besonders schlimmen Ereignissen waren z. B. bei *logo!* in der Vergangenheit immer wieder Psychologen im Einsatz, die mitgeholfen haben, Zuschauerfragen zu beantworten. Wenn besonders viele Fragen zu einem bestimmten Thema kommen, gibt es manchmal sogar noch eine Sondersendung.

TIPP 5

Werde aktiv! Wenn in der Welt etwas Schreckliches passiert, möchtest du den Opfern vielleicht am liebsten auch selber helfen. Eventuell kann deine Klasse ja einen Spendenlauf organisieren, oder ihr plant gemeinsam einen Flohmarkt, um Geld zu sammeln. Frag doch mal deinen Lehrer!

Peter Kloeppel moderiert seit vielen Jahren die Nachrichtensendung *RTL aktuell*. Hier erzählt er vom 11. September 2001 – das war nämlich einer der aufregendsten und anstrengendsten Arbeitstage seines Lebens. Und er verrät, warum er Traktor fahren kann und mal mit einer Eutermütze auf dem Kopf aufgetreten ist.

© Foto: Stefan Gregorowius

Herr Kloeppel, bitte vervollständigen Sie doch mal die folgenden zwei Sätze: Als ich das erste Mal Traktor gefahren bin, da ...

PETER KLOEPPEL: ... hatte ich Riesenrespekt vor der großen Maschine, weil ich wusste, was ich damit alles anrichten kann. Und dann habe ich beim Abbiegen gleich einen Zaun umgefahren. War aber nicht so schlimm, wir haben ihn wieder aufgestellt und es gab keinen Ärger.

Wenn Schweinen langweilig ist, ...

... kommen sie auf dumme Gedanken. Dann jagen sie sich, ärgern sich gegenseitig, und im schlimmsten Fall fangen sie an, sich gegenseitig anzuknabbern und zu verletzen.

Und warum wissen Sie das alles?

Ich habe Landwirtschaft studiert. Während der Schulzeit habe ich mich immer sehr für Biologie, Chemie und die Natur interessiert. Dann habe ich mir überlegt: Wo bin ich außerdem an der frischen Luft und habe mit Menschen, Tieren und Pflanzen zu tun? Deshalb entschied ich mich nach dem Abitur dafür.

Ihre Tochter hätte es wahrscheinlich besser gefunden, wenn Sie einen Bauernhof gehabt hätten und nicht Journalist geworden wären, oder?

Vielleicht hätte ihr das gefallen, aber sie kennt das Leben auf dem Land gar nicht. Sie macht lieber Musik.

Haben Sie selber Ihre Berufswahl denn mal bereut?

Nein. Mein Studium war sehr interessant. Aber ich habe auch nie bereut, dass ich hinterher in den Journalismus gewechselt bin. Denn hier lerne ich jeden Tag neue Dinge. Der Beruf ist wie eine Wundertüte: Ich weiß morgens noch nicht, wie abends unsere Nachrichtensendung aussieht, weil ich ja nicht weiß, was tagsüber alles in der Welt passiert.

Sind Sie eigentlich reich?

Ich verdiene ganz gut.

Finden Sie an Ihrem Beruf auch etwas doof?

Wenn man Journalist ist, muss man viel recherchieren – also versuchen, Dinge herauszufinden. Dafür spricht man mit

EXKLUSIV-INTERVIEW MIT

Menschen und hofft, dass sie einen nicht anlügen. Doof ist, wenn man merkt, dass sie einem nicht die ganze Wahrheit sagen, und dann kann es anstrengend sein, aus ihnen herauszukitzeln, was tatsächlich Sache ist.

Und was machen Sie dann?

Ich gebe nicht auf. Ich suche und recherchiere einfach weiter und befrage andere Leute. Wenn man nicht lockerlässt, kann man als Journalist ganz schön viel herausfinden.

Einer Ihrer aufreibendsten Arbeitstage war der 11. September 2001. Damals ist etwas Schreckliches passiert: Terroristen haben in den USA Flugzeuge entführt und absichtlich in Hochhäuser gesteuert. Viele Menschen wurden getötet. Sie waren an dem Tag selber gerade mit dem Flugzeug in Deutschland angekommen.

Wir hatten eine Reportage in Kambodscha gedreht und sind die ganze Nacht zurückgeflogen. Unser Flugzeug ist am 11. September morgens um sechs Uhr in Deutschland gelandet. Ich bin nach Hause gefahren und wollte mich hinlegen. Ich konnte aber nicht einschlafen und habe gedacht: »Ach, dann gehe ich jetzt eben einfach ins Büro.«

Und was ist dann passiert?

Der Nachrichtentag fing ganz normal an. Ich saß am Schreibtisch, habe meine Meldungen sortiert, Dinge recherchiert und telefoniert. Um Viertel vor drei rief aber plötzlich eine Redakteurin: »Schaltet mal um auf CNN! Was sind denn das für Bilder?«

In einer Redaktion hängen immer viele Bildschirme, auf denen verschiedene Fernsehprogramme zu sehen sind. Auf dem amerikanischen Nachrichtensender CNN liefen Filmaufnahmen vom World-Trade-Center-Turm – und aus dem quoll Rauch. Wir standen alle davor und guckten und sagten: »Das ist aber komisch, dass da oben Feuer ist! Und irgendwie sieht das aus, als ob ein Loch in der Fensterfront wäre!« Wenige Minuten später kamen erste Meldungen – und in denen stand, dass möglicherweise ein Flugzeug in den Turm geflogen ist! Das war etwa um zehn vor drei. Da haben wir sehr schnell entschieden, dass wir jetzt sofort eine Nachrichtensendung machen.

Und dann sind Sie ins Studio gerannt?

Ich bin erst mal in die Maske gerannt, dort steht auch ein Fernseher. Und während ich auf dem Stuhl saß und schnell geschminkt wurde, sah ich, wie ein zweites Flugzeug in den anderen Turm reinflog. Und in der Sekunde war mir klar, dass das bei der ersten Maschine kein Unfall gewesen sein konnte, sondern dass das irgendjemand mit Absicht gemacht hat.

Ich hatte noch ungefähr 30 Sekunden Zeit und dann bin ich auch schon runtergelaufen ins Studio. Wenige Minuten später haben wir das laufende Programm unterbrochen und angefangen, über die Ereignisse in New York zu berichten.

Normalerweise schreiben sich Nachrichtenmoderatoren ja vorher auf, was sie sagen wollen, und lesen das dann in der Sendung vom Teleprompter ab. Aber dafür hatten Sie ja gar keine Zeit!

Das funktioniert dann stattdessen so: Direkt vor mir hatte ich einen Monitor. Auf dem habe ich die gleichen Bilder gesehen, die in derselben Sekunde auch die Zuschauer gezeigt bekommen haben. Ich habe dann versucht, aus dem Stegreif zu beschreiben, was da gerade passiert, und außerdem auch noch Dinge zu erklären, die man nicht direkt sehen konnte.

Ich hatte einige Jahre in New York gelebt, ich kannte das World Trade Center und die ganze Stadt sehr gut. Außerdem wusste ich ungefähr, wie Flugverkehr funktioniert, wie Flugzeuge normalerweise ausgerüstet sind und wie viele Menschen hineinpassen. Bei mir im Studio stand außerdem noch ein Fernseher, auf dem ein amerikanisches Nachrichtenprogramm lief, natürlich ohne Ton. Aber die haben immer Schrifttafeln eingeblendet, auf denen standen die wichtigsten Neuigkeiten.

Ich habe also einfach alles erzählt, was ich wusste und was mir eingefallen ist.

Das klingt sehr aufregend! Warum haben Sie im Fernsehen eigentlich immer so einen Knopf im Ohr?

Der kleine Ohrstecker ist mit einem Mikrofon verbunden, das in der Regie steht. Und dort sitzt mein Redaktionsleiter und kann mir während der Sendung Dinge sagen, die die Zuschauer nicht hören. Am 11. September hat er mir hauptsächlich mitgeteilt, wie die Sendung weitergeht – das wusste ich ja auch nicht! Also z. B.: »Gleich kommen neue Bilder aus der Gegend!« oder »Jetzt musst du ein Interview mit einem Korrespondenten führen!« oder »Der nächste Beitrag ist auf Englisch, den musst du übersetzen.«

Im Fernsehen müssen Sie auch in so aufregenden Situationen ruhig wirken. Ist das schwierig?

Das war nicht einfach. Ich hatte vorher schon längere Live-Sendungen moderiert und wusste, dass im Hintergrund – also in der Redaktion und in der Regie – ein Riesenchaos herrscht. Ganz besonders an diesem Tag. Doch von dem Geschrei und Gerenne und Gemache habe ich fast nichts mitbekommen. Ich konnte mich in dem Moment einfach nur auf meine Aufgabe konzentrieren. Und die hieß: ruhig bleiben. Und den Menschen möglichst gut erklären, was passiert.

Wie lange hat die Sendung gedauert?

Siebeneinhalb Stunden.

Durften Sie zwischendurch eigentlich mal etwas essen? Oder zur Toilette gehen?

Die anderen haben mir belegte Brötchen gebracht. Und wenn ich dann mal kurz nicht im Bild zu sehen war und nichts sagen musste, weil ein Film von einem Korrespondenten lief, habe ich abgebissen. Es gab einen Beitrag, der war sogar vier oder fünf Minuten lang, und da bin ich schnell zur Toilette gelaufen.

LIVE

Wie haben Sie sich von dem Tag erholt?

Wir waren etwa um halb elf abends mit der Sendung fertig, ungefähr bis halb zwölf bin ich in der Redaktion geblieben und dann nach Hause gefahren. Dort bin ich direkt ins Bett gegangen, weil ich so müde war. Ich habe bis sieben Uhr geschlafen, dann meine Tochter in die Schule gebracht und bin wieder ins Büro gefahren.

Haben Sie mit Ihrer Tochter darüber geredet, was passiert war?

Meine Frau ist Amerikanerin und hat am 11. September zu Hause natürlich den ganzen Tag Nachrichten angesehen. Meine Tochter war damals erst fünf, aber sie hat trotzdem mitbekommen, dass etwas Schlimmes geschehen ist. Wir haben ihr gesagt, dass da Menschen anderen Menschen etwas Schreckliches angetan haben. Mehr wollte sie gar nicht wissen.

Haben Sie eigentlich auch Hobbys? Oder machen Sie immer nur Nachrichten?

Ich spiele sehr gerne Tennis, ich gehe gerne laufen, und ich spiele Golf, was mir sehr viel Spaß macht. Und wenn ich zu Hause bin, lese ich gerne, ich koche gerne und ich esse gerne Kuchen.

Und früher hatten Sie noch ein Hobby: Sie haben Schweine gesammelt.

Das ist schon etwas her. Als Landwirtschaftsstudent habe ich mich sehr intensiv mit Schweinen befasst, deshalb hat mir irgendjemand ein Schwein aus Porzellan geschenkt. Und danach habe ich Schweine-Salzstreuer bekommen. Irgendwie wurden es dann immer mehr, ich habe mir auch selber welche gekauft und am Ende hatte ich 120 Schweine zu Hause. Die haben wir dann aber irgendwann für einen guten Zweck versteigert.

Aber Sie hängen schon noch ein bisschen an der Landwirtschaft, oder? Also auf jeden Fall haben Sie sich schon mal als Kuh verkleidet.

Richtig. Bei einer Karnevalsveranstaltung sollte ich einen Orden bekommen. Ich wollte eigentlich im Anzug hingehen, aber da hat meine Frau gesagt: »Das kannst du nicht machen! Du musst dich verkleiden!« Deshalb habe ich mir ein Kuhkostüm gekauft. Sogar mit Mütze, die aussah wie ein Kuheuter! Und dann habe ich mich mit einer Büttenrede um den Orden beworben und ihn dann auch bekommen.

Wissen Sie, was Ihre Frau darüber geschrieben hat?

Nein.

»Mein Mann sah aus wie die Kuh Betty nach der Prämierung auf einer Landwirtschaftsausstellung.«

Das stimmt! Und zwar mit Orden und mit allem Pipapo.

WAS IST BOULEVARD-JOURNALISMUS?

Die Väter trugen Hüte, die Mütter lange Kleider, Kinder spielten nachmittags einfach im Hof, und niemand kontrollierte, wo sie hingingen. Auf den Straßen drängten sie sich an Bauchladenverkäufern vorbei, nur manchmal mussten sie sich mit einem Sprung in Sicherheit bringen, weil ein altmodisches Automobil vorbeiknatterte. Und unter den Linden stand ein echtes Schloss, in dem ein echter Kaiser lebte und Deutschland regierte. Obwohl es kaum mehr vorstellbar ist: So oder so ähnlich sah das Leben in Berlin vor gerade einmal etwas mehr als 100 Jahren aus.

Fernseher, Handys und Computer waren noch nicht erfunden, wer erfahren wollte, was in der Welt passierte, musste sich eine Zeitung kaufen. Die gab es auf den größten Straßen der Hauptstadt, den Boulevards, fast überall. Tag für Tag standen dort Zeitungsjungen, schwenkten die Ausgaben über ihre Köpfe und schrien die neuesten Schlagzeilen in die Welt hinaus. Am meisten Zeitungen verkauften dabei natürlich diejenigen, die die spannendsten Geschichten herausbrüllten oder auf dem Titelblatt hatten.

Neuigkeiten also, die die Menschen brennend interessierten, aufregten oder zum Lachen brachten. Auch heute noch suchen bestimmte Zeitungen, Onlineredaktionen, Fernseh- und Radiosender ganz gezielt solche unterhaltsamen Nachrichten heraus und veröffentlichen sie. Das nennt man »Boulevardjournalismus«[26].

Rätsel

Stell dir vor, du wärst Boulevardjournalist:
Welche Neuigkeiten würdest du wahrscheinlich melden?
(Übrigens: Das ist alles wirklich so passiert![27])

a. Eine Dogge mit Magenproblemen – besonders aufregend klingt das nicht. Als eine Tierärztin im US-Staat Oregon aber das Röntgenbild auswertete, traute sie ihren Augen kaum: Der Riesenhund hatte 43 ganze und eine halbe Socke verschluckt. In mehr als drei Stunden gelang es einem Operationsteam, alle Strümpfe aus dem Magen zu entfernen. Der Hund ist inzwischen wieder putzmunter.

b. Nach jahrelangen Verhandlungen haben sich Bundestag und Bundesrat auf eine Reform der Erbschaftssteuer geeinigt. Auch künftig müssen Firmenerben keine Erbschaftssteuer bezahlen, wenn sie das Unternehmen weiterführen und Arbeitsplätze erhalten.

c. Da staunten Polizeibeamte in Offenburg nicht schlecht: Mitten in der Nacht kam ein Joghurtbecher auf sie zugewackelt. Bei näherem Hinsehen entdeckten sie die Lösung des Rätsels: Ein Babyigel war beim Fressen mit dem Kopf im Becher stecken geblieben. Die Beamten befreiten den Joghurtfan von seinem eigenwilligen Hut und ließen ihn wieder frei.

Lösung:
Boulevardjournalisten würden am ehesten Meldung a. und c. auswählen, weil diese besonders ungewöhnlich sind und Gesprächsstoff bieten. Oder anders gesagt: Gäbe es heute noch Zeitungsjungen, würden sie schreien: »Wahnsinnsfund in Doggenmagen!« oder »Igel in Joghurtbecher entdeckt!« – und sofort würden die Zeitungskäufer Schlange stehen. Ihr armer Kollege, der sich mit der Schlagzeile »Erbschaftssteuer verabschiedet!« heiser brüllt, müsste hingegen wahrscheinlich hungrig ins Bett gehen.

Journalisten, die für Boulevardmedien arbeiten, drücken sich in ihren Beiträgen völlig anders aus als solche, die für ernste Nachrichten zuständig sind. Meist verwenden Boulevardjournalisten nur sehr kurze Sätze und fast nie komplizierte Begriffe. In der bekanntesten Boulevardzeitung Deutschlands, der »Bild«, bestehen z. B. beinahe die Hälfte aller Sätze aus höchstens vier Wörtern.[28]

Ihre Schlagzeilen formuliert die »Bild«-Redaktion so, dass sie dem Leser sofort ins Auge springen und neugierig machen. Die Geschichten, die sich dahinter verstecken, sind dann allerdings oft deutlich weniger spannend als gedacht und manchmal stimmen sie sogar gar nicht so richtig. »Affe löst Alien-Panik in China aus« war z. B. mal so eine Überschrift. Wer das liest, denkt wahrscheinlich spontan: In ganz China sind die Menschen in Panik, weil ein Affe Außerirdische entdeckt hat. Dabei hatte nur ein halb verhungerter Affe eine Gurke geklaut. Und weil er so dünn war, hielt eine Dorfbewohnerin ihn im ersten Moment für einen Alien.[29]

Beliebte Boulevardsendungen im Fernsehen sind z. B. *Brisant* in der ARD, *Leute heute* im ZDF oder *Explosiv* auf RTL. Auch hier werden hauptsächlich Neuigkeiten gemeldet, die in der Regel nicht besonders bedeutsam sind, die viele Zuschauer aber brennend interessieren.

Aber warum stehen all diese Dinge denn jetzt in einem Buch über Nachrichten? Ganz einfach: Wenn man sich die *Tagesschau*, *heute* oder *RTL aktuell* ansieht, spielen immer wieder einmal auch Boulevardthemen eine Rolle. Allerdings unterschiedlich oft. Wären alle Sendungen genau 100 Minuten lang, würde es in der *Tagesschau* nur ungefähr zwei Minuten um sogenannte bunte Meldungen gehen. Bei *heute* wären es vier Minuten. Mit großem Abstand auf Platz eins landet aber *RTL aktuell*: Von 100 Minuten Sendezeit ginge es 13 Minuten um Dinge, die zwar interessant, aber vielleicht nicht ganz so bedeutsam sind.[30]

Wenn eine Dogge 43 und eine halbe Socke verschluckt, würde diese Meldung es bei *RTL aktuell* also vermutlich ins Programm schaffen. Wahrscheinlich als allerletzter Beitrag vor dem Wetter. Denn die Redaktion versucht jeden Tag, die Zuschauer gerade zum Ende der Sendung noch einmal gut zu unterhalten, damit sie entspannt in den restlichen Abend starten können.[31]

In der *Tagesschau* würde die Doggen-Meldung hingegen sehr sicher nicht auftauchen. »Wir wollen keine unterhaltsame Sendung machen«, hat der langjährige *Tagesschau*-Chef Kai Gniffke mal in einem Interview gesagt.[32] Doch ganz außer Acht lässt die Redaktion bunte Themen auch nicht. Denn natürlich müssten die *Tagesschau*-Zuschauer am nächsten Tag in der Mittagspause schon irgendwie wissen, worüber alle anderen reden, so Gniffke.

Zusammenfassend lässt sich also sagen: Boulevardthemen kommen in Nachrichtensendungen der öffentlich-rechtlichen Sender nur ausnahmsweise vor, im Privatfernseher dagegen öfter.

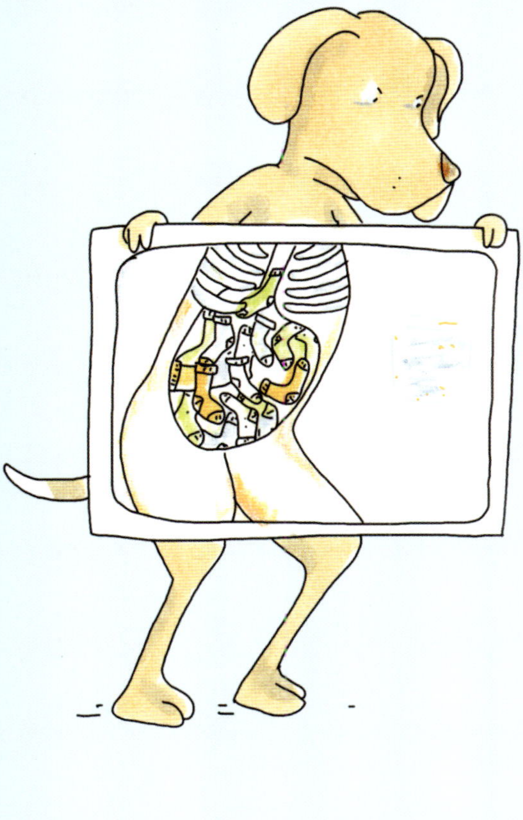

Rätsel

Achtung, ultraschweres Rätsel!
(Nur für Experten, die bisher alles ganz genau gelesen haben.)

RTL aktuell berichtet oft über Boulevardthemen, die *Tagesschau* nur sehr selten.
Was außer den bereits genannten Gründen könnte eine weitere Ursache dafür sein?

a. Geschenke. Wenn lustige oder unterhaltsame Neuigkeiten über Sänger oder Schauspieler in Nachrichtensendungen auftauchen, schicken die Manager anschließend oft Pakete mit Schokolade, Glitzerkostümen oder Autogrammkarten für die Redakteure in die Sender.

b. Geld. Je unterhaltsamer das Programm ist, desto mehr Menschen schauen zu. Und je mehr Zuschauer einschalten, desto teurer wird es, Werbung vor, nach oder während der Sendung zu schalten. Die Sender verdienen also mehr, wenn sie auch unterhaltsame Meldungen ins Programm nehmen.

c. Lachverbot. In den Verträgen von Redakteuren beim öffentlich-rechtlichen Rundfunk steht, dass sie zum Lachen in den Keller gehen müssen. Deshalb wählen sie fast nur ernste Themen aus.

Lösung:
Richtig ist natürlich Antwort b., Antwort a. und c. sind frei erfunden. Blättere doch noch einmal zurück zu Seite 24 und lies das Kapitel über öffentlich-rechtliche und private Sender noch einmal. Die Tagesschau läuft in der ARD, also einem öffentlich-rechtlichen Sender. Deshalb erhält sie automatisch Geld aus dem Rundfunkbeitrag, den in Deutschland jeder Haushalt bezahlen muss. RTL aktuell hingegen kommt im Privatfernsehen. Der Sender erhält das meiste Geld von Firmen, die Werbung schalten. Und je mehr Menschen die Sendungen ansehen, desto mehr können die Sender verlangen.

Presseausweis
Press card · Carte de presse
Presse
deutsch

GIBT ES BILDER, DIE NACHRICHTENSENDUNGEN NICHT ZEIGEN?

Zwischen der *Tagesschau*, *heute*, *RTL aktuell* und *logo!* gibt es viele Unterschiede, doch eine Sache haben alle vier Sendungen gemeinsam: Es gibt Moderatoren oder Sprecher, die Nachrichten vortragen, und es laufen Filme, in denen die Zuschauer die Neuigkeiten noch einmal mit eigenen Augen sehen können.

In der *Tagesschau* um 20 Uhr kommen beispielsweise insgesamt etwa zehn verschiedene Themen vor, zu etwa fünf davon werden in der Sendung auch Filme gezeigt. Wenn sich also irgendwo auf der Welt ein Erdbeben ereignet, fahren die Korrespondenten verschiedener Nachrichtenredaktionen dorthin, machen sich vor Ort ein eigenes Bild, lassen ihre Kameraleute filmen, wie es dort jetzt aussieht, und schicken ihren Film in die Redaktion, z. B. an Nina.

Ganz einfach, könnte man denken. Doch leider ist auch hier wieder mal alles viel komplizierter, als es scheint. Denn der Korrespondent sendet nicht einfach sein vollständiges Material in die Redaktion. Er wählt genau aus, welche Szenen in der Sendung gezeigt werden sollen und welche nicht. Nina kontrolliert das Ganze dann noch einmal und prüft, ob der Korrespondent eventuell Fehler gemacht hat – und ob er die »richtigen« Filmszenen ausgesucht hat.

Aber welche Bilder werden denn jetzt im Fernsehen und im Onlineangebot gezeigt? Und welche auf keinen Fall? »Es ist ein ständiges Abwägen«, hat Karl-Heinz Münchow, früher Filmredakteur bei der *Tagesschau*, einmal gesagt. »Was muss ich zeigen? Und was kann ich noch zeigen, ohne dass die Zuschauer schockiert werden?«[33] Anders ausgedrückt: Wenn du auf dem Sofa sitzt und die Sendung ansiehst, sollst du durch die Filme schon eine möglichst genaue Vorstellung davon bekommen, was durch das Erdbeben alles zerstört worden ist. Aber die Bilder sollen dich auch nicht völlig verstören und dir Angst machen.

Dafür gibt es klare Regeln[34], die bei *Tagesschau*, *heute*, *RTL aktuell* und *logo!* ähnlich sind.

Rätsel

Welche Bilder hat die *Tagesschau* ausgewählt?

Im Nahen Osten gibt es schon seit langer Zeit immer wieder Gewalt zwischen Israelis und Palästinensern. Vor einiger Zeit hat ein Kamerateam gefilmt, wie Palästinenser israelische Soldaten mit Steinen angreifen. Die Soldaten haben mit Gewehren zurückgeschossen, eine Kugel traf einen 16-Jährigen in die Brust. Der Jugendliche starb kurz darauf. Über dieses Thema hat auch die *Tagesschau* berichtet. Was denkst du: Welche Szenen waren in der 20-Uhr-Ausgabe zu sehen?

a. In dem *Tagesschau*-Beitrag wird gezeigt, wie der Junge die Steine wirft. Anschließend folgt eine Szene, in der die Soldaten schießen. Es ist nicht zu sehen, wie der 16-Jährige getroffen wird und stirbt.

b. In dem *Tagesschau*-Beitrag wird gezeigt, wie der Junge die Steine wirft. Anschließend folgt eine Szene, in der die Soldaten schießen. Es ist zu sehen, wie der 16-Jährige getroffen wird und stirbt.

Lösung:
Richtig ist Antwort a. Auf die Einstellung, in der zu sehen ist, wie der Junge in die Brust getroffen wird, verzichteten die Journalisten bewusst: »Sie erschien als unnötige Gewaltdarstellung, über das Ereignis ließ sich auch ohne diese Szene klar und vollständig berichten«, erklärte die Redaktion später.[35] Der Sprecher hat in dem Beitrag also gesagt, dass der Junge gestorben ist. Es wurde aber nicht gezeigt.

1. In Filmbeiträgen kommen oft Menschen vor, die sich gerade in schlimmen Situationen befinden. Meistens können die Kameraleute diese nicht fragen, ob sie überhaupt im Fernsehen gezeigt werden wollen. Deshalb denken Journalisten darüber nach, wie es sich für sie selber anfühlen würde, wenn sie in diesen Momenten gefilmt würden. Oder anders gesagt: Sie haben bei der Auswahl der Bilder immer im Kopf, dass die Gezeigten ihre Würde behalten.

2. Die Redaktionen zeigen keine Toten in Nahaufnahmen – das heißt, dass die Kameraleute mit Abstand filmen und Verstorbene nicht ganz genau und in jeder Einzelheit darstellen. Es werden außerdem keine Szenen ausgewählt, in denen Menschen sich gegenseitig rohe Gewalt antun. Oder vielleicht sogar gerade sterben. *logo!* achtet zusätzlich noch besonders darauf, keine missverständlichen Bilder zu zeigen. Also z. B. eine Wasserpfütze, bei der Kinder plötzlich denken könnten, dass es in Wahrheit Blut ist.[36]

Nachrichtenjournalisten haben also Regeln, nach denen sie die Bilder auswählen. Es gibt viele Szenen, bei denen das gut funktioniert und sich alle sofort einig sind. Aber es kommt auch vor, dass Nachrichtenjournalisten sich trotz ihrer Erfahrung unsicher sind, welche Bilder sie zeigen sollen – und welche eben besser nicht. Genau wie bei der Auswahl der Themen diskutieren sie dann miteinander und versuchen, eine möglichst gute Lösung zu finden. Doch selbst wenn sie sich viel Mühe dabei geben, hinterher denken sie manchmal: Wir haben falsch entschieden.

Nina und Willi streiten heute in der Redaktionskonferenz z. B. über einen Film aus Syrien. In einer Szene hält eine Krankenschwester ein Baby in die Kamera, dem es sehr schlecht geht und das vielleicht bald stirbt. Willi will die Szene zeigen, denn er findet es wichtig, dass die Zuschauer verstehen, wie schlimm die Lage für die Menschen in dem Bürgerkriegsland ist. Nina ist dagegen. Sie meint, dass die Würde des kleinen Mädchens in der Szene nicht gewahrt bleibt. Könnte es schon sprechen, würde es vielleicht sagen, dass es so nicht gezeigt werden möchte.

Einen ähnlichen Fall gab es mal bei den ARD-*Tagesthemen*. Dort hat die Redaktion am Ende beschlossen, das Baby zu zeigen. Später waren sich einige der Journalisten nicht mehr sicher, ob das richtig war. Kai Gniffke etwa, damals oberster Chef von ARD-aktuell, erklärte, dass er jetzt anders entscheiden würde, weil ihm später klar geworden sei, dass das Bild doch zu grausam war.[37]

Zusammenfassend kann mal also sagen: Nachrichtenjournalisten wie Nina und Willi geben sich in der Regel große Mühe, die richtigen Bilder auszuwählen oder wegzulassen. Regeln, Diskussionen mit Kollegen und ihre Erfahrung helfen ihnen dabei. Die perfekte Lösung gibt es leider oft trotzdem nicht.

UND WAS DENKEN DIE ZUSCHAUER DARÜBER?

70 Prozent der Deutschen finden es übrigens gut, dass Nachrichtenredaktionen bewusst auf Schockbilder verzichten und bei der Bildauswahl genau vorgehen (»70 Prozent« heißt: Würde es in Deutschland nicht 80 Millionen, sondern nur 100 Menschen geben, würden 70 von ihnen der Aussage zustimmen). Nur 28 Prozent sind der Meinung, dass in den Nachrichten mehr schockierende Fotos und Videos gezeigt werden sollten.[38]

Kai Gniffke ist zwar selber nur ganz selten im Fernsehen zu sehen, doch hinter den Kulissen war er bei der *Tagesschau* viele Jahre eine der wichtigsten Personen: nämlich Chef. Inzwischen ist er Intendant beim SWR. Früher hatte er oft Ärger mit anderen Kindern und in Mathe eine Fünf minus. Hier verrät er, wie er diese Probleme gelöst hat, ob der Chef bei der *Tagesschau* eigentlich alles allein bestimmen darf und welche Fehler ihm dort schon passiert sind.

© Foto: NDR/Thorsten Jander

Jeden Abend um acht Uhr fängt im Fernsehen die *Tagesschau* an – und das war ja sogar schon so, als Sie noch ein Kind waren. Durften Sie früher auf dem Sofa hopsen, während die Sendung lief?

KAI GNIFFKE: Auf keinen Fall! Meine Eltern haben jeden Abend die *Tagesschau* angesehen und wollten alles ganz genau hören. Ich durfte zwar mitgucken, musste aber absolut still sein. Wenn die Sendung dann um Viertel nach acht vorbei war, habe ich übrigens weiter keinen Pieps gesagt, denn direkt nach der *Tagesschau* musste ich immer ins Bett gehen. Und deshalb habe ich versucht, mich unsichtbar zu machen, damit ich noch ein bisschen aufbleiben konnte. Das hat aber leider selten funktioniert.

Und haben Sie damals schon gedacht: Wenn ich groß bin, will ich da mal Chef werden?

Nein, überhaupt nicht. Damals wollte ich wahrscheinlich Kapitän werden.

Sie sind in einem kleinen Dorf aufgewachsen. Mit den anderen Kindern war es für Sie dort oft nicht so einfach.

Ja, es gab eine ganze Zeit lang Probleme. Wir waren zugezogen und wohnten am Dorfrand. Außerdem hatten wir nicht die Religion wie die meisten anderen Familien dort. Es hat einige Jahre gedauert, bis ich von den anderen Kindern akzeptiert und nicht mehr geschnitten wurde.

Wie haben Sie das hinbekommen?

Nur durch die Hilfe eines guten Freundes. Den habe ich in der Schule kennengelernt, als ich zehn Jahre alt war. Und der hat mir dann geholfen: Er hat sich sogar für mich geprügelt und erst hat im Dorf niemand mehr mit ihm geredet. Aber in einem Zermürbungskampf haben wir die anderen Kinder dann irgendwann so weit gehabt, dass sie nicht mehr länger böse zu uns waren. Ab da war ich voll akzeptiert.

Muss man eigentlich immer der Beste in der Schule sein, wenn man Chef der *Tagesschau* werden will?

Vor dieser Frage hatte ich ein bisschen Angst. Denn ich habe das zweitschlechteste Abitur in unserer Klasse gemacht. Ich bin darauf nicht besonders stolz, aber mir waren damals einfach andere Sachen wichtiger als Lernen. Fußballspielen z. B..

Hatten Sie so ein richtiges Hassfach, das Sie wirklich gar nicht mochten?

Ich war sehr schlecht in Mathematik. Ich hatte eine Vereinbarung mit meinem Mathelehrer: Ich komme immer hin, ich störe nicht – und dafür kriege ich eine Fünf minus statt einer Sechs.

Wenn jetzt ein wichtiger Mathematik-Preis wie z. B. die Fields-Medaille vergeben wird – können Sie als *Tagesschau*-Chef dann einfach bestimmen: Darüber berichten wir nicht, weil Mathe mich nämlich nicht interessiert?

Nein. Inzwischen weiß ich natürlich, dass die Welt Mathematik braucht. Und deshalb ist klar, dass so ein Preis in der *Tagesschau* gemeldet werden muss.

Dürfen Sie ganz allein festlegen, was in die Sendung kommt?

Das wäre nicht gut. Als Chef muss ich mich jeden Tag um sehr viele verschiedene Dinge kümmern. Ich lese zwar schon, was alles in der Welt geschieht – aber ich weiß nicht jede Einzelheit. Dafür gibt es eine Redaktion, ein Team, das jeden Tag für die *Tagesschau* im Fernsehen oder für die Website zuständig ist. Und das sind Leute, die wirklich bis ins Kleinste über alles Bescheid wissen, was in der Welt passiert. Sie lesen den ganzen Tag jede Sache genau nach, telefonieren mit den Korrespondenten und entscheiden dann, wie und in welcher Reihenfolge wir das dem Publikum präsentieren.

Sie und die Redaktion besprechen das mehrmals am Tag in Konferenzen, oder?

Genau. Die finden meistens an einem Stehtisch statt. Dort kommen wir zusammen und sprechen darüber, welche Themen wir machen und welche nicht. Und dann kann jeder seinen Senf dazugeben. Eine Redakteurin sagt z. B.: »Lass uns doch lieber statt des einen das andere Thema machen«, und dann diskutieren wir darüber.

Nur ganz selten einigt sich die Redaktion am Ende nicht. Dann gucken alle zu mir und sagen: »So, Chef. Jetzt entscheidest du.«

Für Politiker ist es sehr wichtig, welche Themen es in die Sendung schaffen und ob sie vielleicht sogar selber vorkommen. Rufen die manchmal bei Ihnen an und sagen, worüber die *Tagesschau* berichten soll?

Nicht einer. Es gibt die *Tagesschau* schon seit mehr als 65 Jahren, und wahrscheinlich wissen einfach alle: Man kann bei der *Tagesschau* anrufen oder man kann es lassen, es bringt nämlich sowieso nichts. Da arbeiten »Sturköpfe«. Das meine ich positiv, denn die lassen sich nicht beeinflussen.

Nachrichten sind ja oft sehr kompliziert. Kommt es vor, dass die *Tagesschau* Fehler macht?

Leider ja. Aber sehr selten.

Wie oft denn genau?

Es kommt darauf an, was man als Fehler bezeichnet. Wenn wir Politiker zeigen, blenden wir z. B. immer den Namen ein, damit man weiß, wer das ist. Wenn wir da jetzt aus Versehen Buchstaben verdrehen, ist das natürlich ärgerlich. Aber der Fehler ist viel kleiner, als wenn wir inhaltlich etwas Verkehrtes berichten. Also wenn wir jetzt z. B. sagen würden, irgendjemand ist für ein neues Gesetz, obwohl er in Wahrheit dagegen ist. Das ist dann schon eine ziemliche Granate!

Große Fehler stellen wir hinterher richtig. Ich bin jetzt seit mehr als 15 Jahren *Tagesschau*-Chef, und in der ganzen Zeit haben wir uns zweimal im Fernsehen für etwas entschuldigt, das wir falsch gemacht haben. Also wirklich falsch.

Wofür mussten Sie sich da entschuldigen?

Einmal haben wir in den *Tagesthemen* berichtet, dass ein Mensch von russischen Kämpfern getötet wurde, in Wahrheit waren es aber Soldaten der Ukraine. Wir haben den Fehler selber bemerkt. Und der war so schwer, dass wir die Zuschauer in der Sendung am nächsten Tag um Entschuldigung gebeten und gesagt haben: »Wir haben das gestern leider genau falsch herum dargestellt. Wir haben das nicht absichtlich gemacht, sondern es war ein Versehen.« Das war schon ziemlich unangenehm.

Und der zweite Fehler?

Da haben wir eine Kundgebung in Chemnitz gezeigt und versehentlich Bilder eingearbeitet, die fünf Tage vorher bei einer Nazidemo entstanden sind. Die Zuschauer dachten dann natürlich, dass bei der Kundgebung Nazis dabei waren, obwohl das nicht stimmte. Da haben wir auch am nächsten Tag gesagt: »Es tut uns furchtbar leid, aber wir haben einen Riesenbock geschossen.«

Warum berichtet die *Tagesschau* eigentlich so selten über schöne Dinge und so oft über schlimme?

In den Nachrichten werden in der Regel Dinge gezeigt, die anders laufen als normalerweise. Wenn z. B. die Stadtverwaltung Hamburg super funktioniert, dann melden wir nicht: »Übrigens, die Stadtverwaltung Hamburg hat heute ihre Arbeit ordentlich gemacht.« Wenn die dort dann aber einen schweren Fehler machen würden, also beispielsweise für Entscheidungen heimlich Geld verlangen und sich bestechen lassen, dann würden wir das natürlich melden.

Es gibt allerdings auch Abweichungen vom Normalen, die gut sind. Zum Beispiel hat sich der Hunger in der Welt in den letzten 20 Jahren halbiert. Immer weniger Kinder sterben, weil sie zu wenig zu essen haben. Aber die guten Entwicklungen vollziehen sich oft langsam. Und die schlechten sind oft dramatisch und passieren Knall auf Fall, wie Terroranschläge z. B. Und deshalb finden sie dann viel leichter den Weg in die Nachrichten.

Bei Terroranschlägen gibt es ja oft schreckliche Aufnahmen von Toten und Verletzten. Zeigen Sie die alle im Fernsehen?

Wir sind mit diesen Bildern bei der *Tagesschau* sehr zurückhaltend. Wir zeigen z. B. keine Toten in Großaufnahme. Ein wenig verändern wir das aber über den Tag: In der *Tagesschau* um 20 Uhr oder in den *Tagesthemen* zeigen wir eventuell etwas mehr Bilder von Anschlägen, als wir das mittags um zwölf tun. Denn tagsüber sitzen ja oft Kinder alleine vor dem Fernseher, und wir wollen nicht, dass sie Angst bekommen.

Durften Ihre Kinder eigentlich *Tagesschau* gucken, als sie klein waren?

Ja, mit uns zusammen. Wir haben aber dabeigesessen und ihnen im Notfall ein Kissen vor das Gesicht gehalten. Und zwar immer dann, wenn wir dachten: Jetzt kommen Dinge, die Kinder vielleicht noch nicht sehen sollten. Und schon gar nicht vor dem Insbettgehen.

Inzwischen sind Ihre Kinder ja schon ziemlich groß. Sitzen die denn jetzt immer noch um 20 Uhr vor dem Fernseher und sehen sich die *Tagesschau* an?

Nein. Mein Sohn hat nicht mal einen Fernseher. Und meine Tochter hat zwar einen, aber sie schaltet nicht immer um 20 Uhr die *Tagesschau* ein. Aber das ist auch nicht schlimm. Die beiden informieren sich dafür eher bei der *Tagesschau* im Internet. Sie nutzen z. B. oft die *Tagesschau*-App auf ihren Smartphones. Und auch sonst hat die *Tagesschau* online ja ein großes Angebot. Unter www.tagesschau.de gibt es rund um die Uhr Nachrichten und in den sozialen Netzwerken sind wir natürlich auch vertreten.

WARUM SIND IN NACHRICHTENSENDUNGEN MANCHMAL DIE GESICHTER VON MENSCHEN UNKENNTLICH GEMACHT?

Vor einigen Jahren haben einmal zwei Männer mitten in Berlin ein Autorennen veranstaltet und sind dabei auch einfach über rote Ampeln gerast. Am Ende ist einer von den beiden in das Auto eines Rentners geknallt, der zufällig in der Nähe war. Der 69-jährige Mann ist gestorben und die beiden Männer mussten ins Gefängnis.[39]

Hast du dir jetzt gerade vielleicht überlegt, wie die beiden Raser wohl aussehen oder ob du ihnen womöglich schon einmal begegnet bist?

Das machen die meisten Menschen, wenn sie von solchen Dingen hören. Sie würden am liebsten sofort wissen, ob die Täter auch gefährlich wirken oder ob das eigentlich ganz normale Männer sind, von denen niemand erwartet hätte, dass sie ein verbotenes Autorennen machen.

Wenn über solche Ereignisse dann aber in den Nachrichten berichtet wird, sind die Gesichter der Täter in den Filmbeiträgen oder auf den Fotos oft gar nicht zu erkennen, meistens ist stattdessen nur ein unscharfer Kreis zu sehen. Diese Bearbeitung von Bildern nennt man »verpixeln«. Aber warum machen Nachrichtenjournalisten das überhaupt?

In Deutschland hat jeder ein »Recht am eigenen Bild«[40], d.h., dass Bilder oder Filmaufnahmen nur veröffentlicht werden dürfen, wenn der Gezeigte das auch will. Würde also irgendjemand dich heimlich fotografieren, wenn du dich im Garten deiner Eltern sonnst, und das Bild im Internet veröffentlichen, wäre das verboten.

Für Medien gibt es allerdings einige Ausnahmen von dieser Regel. Die gelten z. B., wenn diese über ein »zeitgeschichtliches Ereignis« berichten, also über ein Thema, das für viele Menschen in Deutschland sehr wichtig ist. In diesem Fall dürfen die Redaktionen die Gesichter zeigen, auch wenn die Gefilmten das eigentlich nicht wollen. Die Journalisten müssen also bei jedem neuen Fall genau überlegen: Ist es wichtiger, auf die Täter Rücksicht zu nehmen? Oder ist die Neuigkeit so bedeutend, dass die Menschen in Deutschland ein Anrecht darauf haben, auch die Gesichter der Verurteilten zu sehen?[41]

WAS MEINST DU DAZU?

Bevor du gleich weiterliest: Mach die Augen zu und stell dir vor, du wärst Nachrichtenredakteur und sollst über die Autoraser berichten. Würdest du die Gesichter verpixeln? Erst weiterlesen, wenn dir mindestens ein Grund dafür und ein Grund dagegen eingefallen ist. Nicht schummeln!

Beim Autoraserprozess gibt es in der Redaktionskonferenz um diese Frage mal wieder Streit.

Nina will die Gesichter auf jeden Fall verpixeln. »Sonst weiß jeder genau, wer das war – und zwar für immer«, sagt sie. »Und wenn die Täter dann irgendwann aus dem Gefängnis kommen und vielleicht wirklich alles bereuen, dann gibt ihnen keiner mehr eine Chance. Und außerdem: Die haben vielleicht auch Familie. Stellt euch mal vor, wie das für die Kinder ist, wenn jeder in der Schule weiß, was ihr Vater gemacht hat. Die können schließlich nichts dafür!«

Willi findet das übertrieben. »Da hätte noch viel mehr passieren können«, sagt er. »Die hatten Glück, dass nur ein Mensch gestorben ist und sie nicht versehentlich eine ganze Schulklasse überfahren haben. Es ist gut, wenn jeder weiß, wie die aussehen, dann kann sich auch jeder vor denen in Acht nehmen, wenn die mal wieder auf freien Fuß kommen.«

Willi steht mit seiner Meinung aber ziemlich allein da. Fast alle anderen Kollegen in der Runde sehen es so wie Nina. Ganz am Ende meldet sich Rudi zu Wort. Er erinnert daran, dass schon mehr-

SONDERFALL FAHNDUNG

Anders liegt der Fall, wenn die Polizei nach einem Täter sucht und der sich vielleicht irgendwo versteckt hält. Dann bitten die Beamten die Medien manchmal um Hilfe und geben ihnen ein Foto des Verdächtigen. Zeitungen oder Fernsehsender verpixeln das Bild in diesem Fall logischerweise nicht: Leser oder Zuschauer sollen den Gesuchten ja gerade erkennen, um der Polizei Hinweise zu geben. Vielleicht hat er irgendwo Brötchen gekauft oder getankt? Die Lage verändert sich aber sofort wieder, sobald der Verdächtige schließlich gefasst ist. Denn dann verpixeln viele Redaktionen das Gesicht oft. »Was für ein Quatsch«, denkst du vielleicht. »Die Menschen wissen doch sowieso schon, wie der Täter aussieht.« Du hast recht, aber für die meisten Journalisten macht das trotzdem einen Unterschied: Im ersten Fall war nämlich das Interesse der Menschen in Deutschland wichtiger als das des Täters – denn er lief ja frei herum und war vielleicht gefährlich. Nach seiner Festnahme steht der Mann vor Gericht und wird deshalb von den meisten Medien wieder genau so behandelt wie alle anderen Verdächtigen auch.[42]

fach Gerichte über vergleichbare Fälle entschieden haben – und zwar meistens zugunsten der Täter. »Außerdem reden wir hier nicht darüber, ob wir über das Thema berichten: Es sind sich ja alle einig, dass es in der Sendung vorkommt. Es geht nur darum, ob wir die Gesichter zeigen.«

Damit ist die Entscheidung gefallen: Die Gesichter werden unkenntlich gemacht. So oder so ähnlich ist es vermutlich in vielen Nachrichtenredaktionen abgelaufen, als die Autoraser verurteilt wurden. Das kannst du leicht überprüfen: Wenn du im Internet nach dem Fall suchst, findest du beinahe nur verpixelte Abbildungen der Täter.

Es gibt auch Beispiele, in denen anders entschieden wurde. Vor einigen Jahren z. B. hat der Terrorist Anis Amri in Berlin viele Menschen getötet und verletzt. Tagelang kam in den Nachrichten kaum ein anderes Thema vor, später erließen Politiker neue Gesetze, damit sich so etwas nicht wiederholt. Die Tat war also so schlimm, dass sie große Folgen für die Menschen in Deutschland hatte. Deshalb war für die *Tagesschau*, *heute*, *RTL aktuell* und *logo!* sofort klar, dass sie das Gesicht von Anis Amri zeigen.[43]

DÜRFEN JOURNALISTEN IN DEUTSCHLAND BERICHTEN, WORÜBER SIE WOLLEN?

Einmal im Jahr, oft kurz nach den Sommerferien, füllen Kinder und Jugendliche überall in Deutschland Stimmzettel aus, falten sie zusammen und geben sie bei ihren Lehrern ab: Es ist mal wieder Klassensprecherwahl. Wer die meisten Stimmen bekommt, vertritt ein Jahr lang die Interessen seiner Mitschüler und muss sich besonders für die Klasse einsetzen.

Ganz ähnlich funktioniert es auch bei Erwachsenen. Alle paar Jahre gehen sie in ein Wahllokal, kreuzen auf einem Zettel eine Partei oder einen Namen an, falten ihn zusammen und werfen ihn in eine Wahlurne, also in so eine Art Briefkasten. Wer die meisten Stimmen bekommt, darf für einige Jahre regieren – also z. B. darüber entscheiden, wo Schulen und Straßen gebaut werden, wie viele Polizisten eingestellt werden oder wie viel Kindergeld der Staat bezahlt. Allerdings darf hierzulande niemand ganz alleine über alles bestimmen. Die Menschen wählen stattdessen viele verschiedene Parteien und Politiker, die dann untereinander diskutieren und gemeinsam die beste Lösung suchen müssen. Denn Deutschland ist eine Demokratie, das heißt wörtlich übersetzt »Herrschaft des Volkes«[44] und bedeutet, dass alle mitbestimmen dürfen.

WAS IST DENN KINDERGELD?

Die Regierung überweist Familien regelmäßig Geld: Für dich bekommen deine Eltern ungefähr 200 Euro im Monat.[45] Wenn du noch Geschwister hast, kriegen sie entsprechend mehr – für drei Kinder sind es dann etwa 600 Euro. »Wie ungerecht«, denkst du jetzt vielleicht. »Kindergeld heißt ja wohl, dass die Kinder das Geld auch behalten dürfen!« Das ist aber nicht so. Deine Eltern erhalten Kindergeld, damit sie all die Sachen bezahlen können, die du brauchst: Schultasche, Schuhe, Schokolade ... Manche Eltern überweisen das Kindergeld zumindest teilweise an ihre Kinder weiter. Dafür müssen die Kinder dann aber auch viel mehr selber bezahlen.

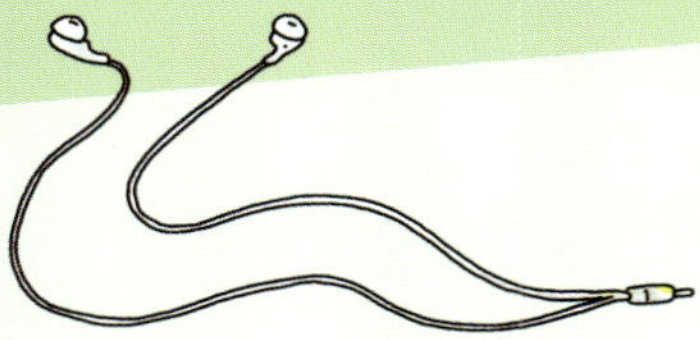

WARUM DÜRFEN KINDER EIGENTLICH NICHT WÄHLEN GEHEN?

Bei den meisten Wahlen in Deutschland dürfen nur Erwachsene ihre Stimme abgeben – man muss also mindestens 18 Jahre alt sein, um mitzumachen. Viele Menschen befürchten, dass Kinder sich vielleicht noch nicht gut genug auskennen und deshalb einfach irgendetwas ankreuzen und auf einmal ganz komische Politiker an der Macht sind. Andere haben Angst, dass vielleicht einfach die Eltern den Kindern sagen, was sie wählen sollen, und die dann gar nicht das ankreuzen, was sie selber gut finden. Es wird aber immer wieder darüber diskutiert, die Regelung zu ändern. Bei einigen kleineren Wahlen dürfen inzwischen auch schon Jugendliche ab 16 Jahren ihre Stimme abgeben.

Das klingt einfach, ist in Wahrheit aber ziemlich kompliziert. Denn stell dir einmal vor, du kommst auf eine neue Schule, kennst niemanden und sollst dich trotzdem für den besten Klassensprecher entscheiden. Dann bliebe dir nichts anderes übrig, als einfach irgendjemanden auf deinen Zettel zu schreiben, obwohl du überhaupt nicht weißt, ob derjenige auch wirklich ein guter Klassensprecher wäre.

So ähnlich geht es Erwachsenen auch: Bevor sie ihren Wahlzettel ausfüllen, müssen sie ziemlich viele Dinge wissen. Welche Partei findet überhaupt welche Sachen richtig? Welcher Politiker möchte wofür Geld ausgeben? Und worüber soll in den nächsten Jahren überhaupt entschieden werden? Nach der Wahl geht es dann genauso weiter. Halten die Politiker sich an das, was sie versprochen haben? Machen sie ihre Arbeit insgesamt so, dass sie für die Menschen in Deutschland gut ist, oder denken sie vielleicht plötzlich nur an sich selber? Und wie helfen sie den Menschen, wenn z. B. ein Wirbelsturm Häuser zerstört?

Antworten auf all diese Fragen zu geben, ist ziemlich kompliziert und dauert lange. Wenn nun jeder einzelne Wähler versuchen würde, die Dinge selber herauszufinden, könnte er fast nichts anderes mehr tun: Er hätte keine Zeit mehr, arbeiten zu gehen, Fußball zu spielen oder gut für seine Kinder zu sorgen. Deshalb übernehmen in Demokratien wie Deutschland Journalisten diese Aufgaben, sie sind

sozusagen von den anderen mit der Informationssuche beauftragt. Die Medien berichten also über alle Sachen, die die Menschen wissen müssen, damit die Demokratie funktioniert und die Bürger sich bei Wahlen gut entscheiden können.[46]

Damit die Journalisten das aber überhaupt schaffen, haben sie besondere Rechte. So steht z. B. im Gesetz, dass Zeitungen, Onlineredaktionen, Radio- und Fernsehsender und andere Medien unabhängig über genau die Dinge berichten dürfen, die sie selber wichtig finden.

Es darf ihnen niemand vorschreiben, was sie melden, oder ihnen verbieten, bestimmte Meldungen zu veröffentlichen. Denn wie sonst sollten die Wähler erfahren, was wirklich los ist? Dieses Gesetz zur Pressefreiheit ist in Deutschland übrigens ein Grundrecht.[48] Das heißt, es ist so wichtig, dass keiner es verändern kann – selbst dann nicht, wenn eine Mehrheit der Politiker dafür wäre.

Früher gab es in Deutschland übrigens keine Pressefreiheit. Während des Nationalsozialismus durften die Menschen nicht frei wählen, wer sie regiert. Die Macht hatte damals Adolf Hitler, und niemandem war es erlaubt, etwas gegen ihn zu sagen. Auch Zeitungen und Radiosender durften damals nur berichten, was die Nationalsozialisten ihnen befahlen. Journalisten, die sich nicht daran halten wollten, wurden verhaftet und sogar getötet.

DIE FLICK-AFFÄRE

Vor einigen Jahren hat z. B. mal ein sehr reicher Mann, Friedrich Karl Flick, Politikern in Deutschland viel Geld gegeben. Anschließend beschlossen sie Dinge, die gut für Flick waren. Natürlich wollten Flick und die Politiker das gerne geheim halten, doch Journalisten fanden es trotzdem heraus und berichteten darüber. Viele Politiker mussten deshalb zurücktreten, Flick selber kam ins Gefängnis.[47]

PRESSEFREIHEIT WELTWEIT

In vielen Regionen der Welt gibt es bis heute keine Pressefreiheit, dort schreiben die Regierungen den Medien genau vor, worüber sie berichten und worüber nicht. Die Menschen dürfen dort auch oft nicht einfach ihre Meinung sagen. Wer es doch tut, wird häufig bestraft. Besonders wenig Pressefreiheit gibt es z. B. in China, Syrien, Turkmenistan, Eritrea und Nordkorea.[49]

WAS IST DER PRESSEKODEX?

Die meisten Journalisten nehmen ihre Aufgabe sehr ernst. Deshalb haben sie sich auf Regeln geeinigt, die sie bei ihrer Arbeit beachten. Diese Vereinbarung heißt »Pressekodex«. Fast alle Redaktionen in Deutschland haben sich dazu verpflichtet, sich an ihn zu halten. Insgesamt umfasst der Pressekodex 16 verschiedene Punkte.[50] Es steht z. B. darin, dass Journalisten immer sorgfältig recherchieren und die Wahrheit schreiben müssen. Außerdem verpflichten sie sich, durch ihre Berichte niemanden in seiner Menschenwürde zu verletzen und das Privatleben anderer zu achten, also keine privaten Geheimnisse zu verraten. Ein Gremium, der Presserat, passt auf, dass sich die Journalisten an die Regeln halten. Dort können sich z. B. auch Zeitungsleser beschweren, wenn sie sich über einen Artikel ärgern. Wenn der Presserat herausfindet, dass eine Redaktion Regeln missachtet hat, kann er sie ermahnen und die Zeitung muss diese Ermahnung dann abdrucken. Es gibt aber auch Kritik an diesem System. Manche Menschen würden es besser finden, wenn der Presserat Journalisten, die sich nicht an die Regeln halten, noch härter bestrafen könnte.

PRESSE-KODEX

RUFEN MANCHMAL POLITIKER AN UND BESTIMMEN EINFACH?

Nina ist zum Geburtstag bei ihrer besten Freundin eingeladen. Alle sitzen um einen großen Tisch, lachen, essen und reden durcheinander. »Jetzt mal ehrlich, Nina«, sagt plötzlich Ole. »Uns kannst du es doch sagen. In Wahrheit ruft in der Redaktion doch jeden Morgen die Kanzlerin an und sagt, über welche Themen ihr berichten müsst, oder?« Nina verschluckt sich und hustet. Als sie endlich wieder Luft bekommt, sehen alle sie an und warten auf ihre Antwort.

Sie schüttelt den Kopf, und zwar so, dass ihre Haare hochfliegen. »Ob du es glaubst oder nicht«, sagt sie dann. »Die Kanzlerin ruft nicht jeden Morgen an. Und auch keine anderen Politiker.«

Und dann erklärt sie der Runde, was ihr spätestens seit Seite 92 wisst: dass im Gesetz steht, dass Journalisten in Deutschland berichten dürfen, worüber sie wollen. Dass Politiker sich das gar nicht trauen würden, weil die Redaktion ja auch sofort über den Anruf berichten könnte. Und dass die Journalisten in Konferenzen schließlich mehrmals am Tag über die Themen diskutieren und erst dann entscheiden. »Wenn du recht hättest«, sagt Nina und sieht Ole an, »würde das ja heißen, dass die Kanzlerin vor jeder Sitzung mich und jeden meiner Kollegen anrufen müsste und wir dann auch noch alle machen, was sie will. Zum Regieren hätte sie dann wohl nicht mehr so viel Zeit.« Nina tippt sich mit dem Finger an die Stirn und nimmt einen großen Schluck aus ihrem Glas.

Genau wie Nina werden Nachrichtenjournalisten auch im wirklichen Leben immer mal wieder gefragt, ob in Wahrheit nicht Politiker über die Themen bestimmen. Und die Verantwortlichen der *Tagesschau*, von *heute*, *RTL aktuell* oder *logo!* antworten jedes Mal, dass niemand ihnen reinredet, sondern sie ihre Themen Tag für Tag selber aussuchen.[51]

»Aber hat es denn irgendein Politiker schon einmal versucht?«, denkst du jetzt vielleicht. Die Antwort ist Ja. Aber das passiert eben nur ganz, ganz selten. Vor einigen Jahren hat z. B. mal der damalige Sprecher der Partei CSU, Hans Michael Strepp, beim ZDF angerufen. In dem Gespräch soll er verlangt haben, dass in der *heute*-Sendung nicht über den Parteitag einer anderen Partei, der SPD, berichtet wird. Die Journalisten haben das sofort veröffentlicht und den geplanten Film trotzdem gesendet. Obwohl Strepp hinterher gesagt hat, er habe überhaupt gar keinen Einfluss auf die Berichterstattung nehmen wollen, musste er zurücktreten.[52]

UND WAS IST MIT DEM FERNSEH- UND RUNDFUNKRAT?

Bei öffentlich-rechtlichen Sendern gibt es noch eine Besonderheit: den Rundfunkrat (so heißt der bei der ARD) und den Fernsehrat (das ist das Gleiche beim ZDF). Weil die beiden Sender ja von allen Menschen in Deutschland Geld bekommen, sollen grundsätzlich auch möglichst viele Menschen mitreden können. In den beiden Gremien sitzen deshalb Vertreter von Kirchen, Gewerkschaften und von einigen weiteren Gruppen sowie Arbeitgeber und Politiker. Sie entscheiden zwar nicht darüber, welche Themen jeden Tag in den Nachrichtensendungen vorkommen, aber sie passen auf, dass die Journalisten grundsätzliche Regeln einhalten, z. B. immer die Wahrheit berichten. Außerdem beraten sie die Intendanten von ARD und ZDF, also die obersten Chefs.[53] Kritiker finden, dass im Fernseh- und Rundfunkrat zu viele Politiker sitzen, und befürchten, dass sie dadurch zu viel Einfluss auf Journalisten nehmen könnten.

Marietta Slomka moderiert das *heute-journal* und ist besonders bekannt für ihre Interviews. Hier erzählt sie, warum sie in denen nicht immer nett ist und ob Politiker hinterher manchmal vielleicht heimlich »Blöde Kuh« zu ihr sagen. Und sie verrät, warum sie in der Sendung fast mal laut »Verschwinde, du Mistviech!« gerufen hätte.

© Foto: Thomas Morice

Als Sie Kind waren, gab es bei Ihnen zu Hause einen Puppentag. Was war das?

MARIETTA SLOMKA: Das war eine tolle Erfindung meiner Eltern, weil ich abends so ungern ins Bett gegangen bin. Sie haben sich überlegt, dass ich einmal im Monat bis in die Puppen aufbleiben durfte – so lange, wie ich wollte. Dafür durfte ich an den anderen Tagen aber keinen Stress machen, sondern musste zu einer vernünftigen Uhrzeit ins Bett gehen. Und zwar ohne dann noch heimlich mit der Taschenlampe unter der Decke zu lesen. Puppentag war meistens Samstag, weil am nächsten Tag keine Schule war.

Stimmt es, dass Sie in der Schule oft Streit mit Lehrern hatten?

Ich hatte einige Lehrer, die ich total gerne mochte. Aber manche Lehrer mochte ich eben auch nicht – und da habe ich dann oft Widerworte gegeben und diskutiert.

Das ist ja ein bisschen so geblieben. Jetzt diskutieren Sie nicht mehr mit Lehrern, sondern in Interviews mit bekannten Politikern und geben denen Widerworte. Fällt Ihnen das leichter, weil Sie das früher schon geübt haben?

Das kann schon sein, wobei es dabei heute nicht mehr um persönliche Sympathien geht. Ein Interview ist ja auch kein Streit, sondern hat einen Zweck. Die Zuschauer sollen dadurch besser verstehen, was der Befragte über ein bestimmtes Thema denkt.

Dabei sind Sie aber ja nicht immer nur nett zu den Politikern. Warum eigentlich nicht?

Es ist nicht die Aufgabe von Journalisten, zu Politikern nett zu sein. Es ist aber auch nicht unsere Aufgabe, böse zu sein. Darum geht es nicht. Sondern es geht darum, kritisch zu sein.

Politiker entscheiden Dinge, die für viele Menschen in Deutschland wichtig sind. Sie tragen also eine große Verantwortung. Dazu gehört auch, dass sie genau erklären, was sie da tun. Und sich rechtfertigen müssen, wenn vielleicht mal etwas nicht so gut läuft.

Und deshalb hinterfrage ich in Interviews viele Dinge immer wieder, damit möglichst viele Zuschauer genau verstehen, was gerade passiert.

Trotzdem drücken sich Politiker in Interviews oft ganz schön kompliziert aus. Das klingt manchmal fast wie Geheimsprache. Können Sie die eigentlich auch?

EXKLUSIV-INTERVIEW MIT

Ja, ich kann das dann übersetzen. Ich versuche außerdem, selber so verständlich wie möglich zu reden, und hoffe, dass meine Gesprächspartner das vielleicht einfach nachmachen.

Warum ist das für viele Politiker eigentlich so schwierig?

Das ist ein bisschen wie bei Mädchen, die oft auf Reiterhöfe gehen. Die sprechen den ganzen Tag über Trensen und Zaumzeug und Nüstern, und alle dort verstehen, was gemeint ist. Wenn sie dann aber später nach Hause kommen, weiß ihre Oma vielleicht nicht, was eine Trense ist. Politiker sind den ganzen Tag mit anderen Politikern zusammen, die sich genauso ausdrücken wie sie selber. Und wenn sie dann abends ein Interview geben, ist ihnen vielleicht nicht so klar, dass andere manche Begriffe gar nicht kennen. Außerdem ist Politikmachen tatsächlich ganz schön kompliziert. Es ist wirklich schwierig, das gut zu erklären.

Und dann gibt es noch einen Grund: Politiker haben oft Angst davor, dass sie vielleicht angegriffen werden, wenn sie zu deutlich werden. Wenn sie nämlich einfach so sprechen, wie ihnen der Schnabel gewachsen ist, können sie ganz schön Ärger kriegen.

Warum?

Weil es dann manchmal zu deftig wird. Ich erinnere mich an einen SPD-Politiker, der mal von einem etwas zerlumpten Typen bei einer Veranstaltung beschimpft wurde. Da hat er geantwortet: »Ach du, geh dich doch erst mal waschen!« Eigentlich war das eine menschliche Reaktion, schließlich hatte der andere angefangen und richtig rumgemotzt. Trotzdem gab das einen Riesenskandal. Denn Politiker sollten so etwas nicht sagen. Und damit ihnen das nicht passiert, sind sie oft ganz besonders vorsichtig.

Machen Sie Ihre Interviews eigentlich aus dem Stegreif oder bereiten Sie sich darauf vor?

Ich bereite mich gründlich darauf vor. Aber ich lerne das nicht auswendig wie ein Gedicht. Stattdessen befasse ich mich mit den Inhalten, ich überlege mir also genau, worum es geht – z. B. um Spielplätze oder um Schulpolitik. Und wenn das Interview dann losgeht, höre ich einfach genau zu und versuche, möglichst spontan und schlagfertig zu sein.

Das heißt: Sie kennen das Thema vorher und lesen nachmittags ganz viel darüber?

Ja, das dauert viele Stunden. Ich überlege mir dabei genau, welche Fragen ich habe. Und auch, wo Probleme liegen, was ich also kritisieren könnte. Ich schreibe mir meine Fragen aber nicht auf. Stattdessen habe ich im Studio so einen kleinen Spickzettel dabei, ungefähr so, wie wenn man in der Schule schummelt. Aber bei mir ist das erlaubt! Da schreibe ich mir z. B. ein paar Stichworte drauf oder Zahlen. Im Notfall könnte ich dort also mal was nachgucken, aber eigentlich tue ich das gar nicht. Denn auch das ist ähnlich wie bei einem Spickzettel: Wenn man den erst einmal sorgfältig geschrieben hat, braucht man ihn eigentlich nicht mehr, weil man dann sowieso alles im Kopf hat.

Sie haben mal erzählt, dass Sie sich richtig konzentrieren müssen, um in Interviews nicht böse zu gucken.

Wenn ich mich stark konzentriere, gucke ich immer ein bisschen ernst. Und dabei ist ganz egal, ob ich Zwiebeln schneide, einen Kuchen backe oder ein Interview führe. Das ist bei mir einfach so, obwohl ich eigentlich gar keine so besonders ernste Person bin und sehr gerne lache!

Im Fernsehen schauen mir aber viele Millionen Leute zu und sehen mein Gesicht in Großaufnahme. Und deshalb versuche ich da immer besonders, mich unter Kontrolle zu haben und nicht böse zu gucken.

Ist Ihnen bei einem Interview schon einmal etwas richtig Überraschendes passiert?

Da passiert immer wieder etwas Überraschendes. Dass Gesprächspartner unerwartete Dinge antworten z. B.: Einmal hat ein Politiker gesagt, in seiner Partei gebe es überhaupt keinen Streit, dabei gab es in Wahrheit riesigen Streit. Und jeder wusste das! Das war so drollig, dass ich da ziemlich verblüfft war und gefragt habe: Aber das meinen Sie jetzt nicht ernst, oder? Manchmal werden Interviews auch plötzlich heftig, obwohl ich gerade überhaupt nicht damit rechne.

Aber es ist noch nie jemand ohnmächtig geworden. Oder in Tränen ausgebrochen. Und gegenseitig angebrüllt haben wir uns auch noch nie.

Aber hat denn vielleicht schon mal ein Politiker heimlich »Blöde Kuh« zu Ihnen gesagt, wenn die Kamera aus war?

Solche Beschimpfungen habe ich bisher eigentlich nur von AfD-Politikern gehört. Aber die sagen mir das dann nicht selber ins Gesicht, sondern beleidigen mich z. B. bei Twitter.

Von anderen Politikern habe ich das noch nicht erlebt. Die sehen das sportlich, und außerdem wissen sie, dass ich im Fernsehen eine Rolle spiele und nicht sie persönlich meine. Und ich befrage ja auch alle Politiker ähnlich und bin nicht zu den einen furchtbar nett und zu den anderen furchtbar böse. Das ist also fair.

Haben Sie selber als Kind eigentlich auch schon Nachrichten geguckt?

Ja, damit habe ich ziemlich früh angefangen, so mit elf oder zwölf. Meine Eltern haben sich für Politik interessiert, und deshalb habe ich früh angefangen, mit ihnen Nachrichten anzusehen.

Und was war Ihre Lieblingssendung?

Früher gab es ja leider noch kein *logo!*, also keine extra Kindernachrichten. Deshalb habe ich einfach das gesehen, was auch meine Eltern geguckt haben: *heute*, das *heute-journal* oder die *Tagesschau*.

Waren denn Nachrichten Ihre allerliebste Sendung, oder gab es Sachen, die Sie noch toller fanden?

Als Kind fand ich andere Sachen natürlich noch toller als Nachrichten. Ich habe gerne »Biene Maja« gesehen. Und »Wickie und die starken Männer«. Und »Dick und Doof«! Das gucke ich heute noch gerne. Und ich musste darüber immer wahnsinnig lachen – vor allem über Doof und die Sachen, die er gemacht hat.

Hatten Sie in der Sendung eigentlich auch schon mal einen richtigen Lachanfall?

Nicht vor der Kamera. Aber ab und zu passiert es schon, dass ich lachen muss, während ein Filmbeitrag läuft. In dem Moment bin ich ja nicht zu sehen. Dann muss ich mich aber schnell zusammenreißen, denn direkt danach muss ich ja den nächsten Bericht anmoderieren! So richtig blöde Lachanfälle haben ja oft gar keinen richtigen Grund, sondern entstehen aus Situationskomik. Wenn z. B. irgendetwas im Nachrichtenstudio umfällt oder so.

Und was machen Sie, wenn Sie während der Sendung plötzlich Schluckauf kriegen?

Das ist mir zum Glück noch nie passiert. Das liegt vielleicht daran, dass ich mich unheimlich konzentriere und einfach weiß: Ich kann mir jetzt keinen Schluckauf leisten. Aber es ereignen sich andere Pannen. Einmal im Sommer ist während der Sendung ständig eine dicke Fliege um meinen Kopf gebrummt!

Und haben Sie versucht, sie zu erwischen?

Ich habe versucht, sie zur Seite zu wedeln. Und musste mich sehr zusammenreißen, um nicht zu rufen: »Verschwinde, du Mistviech!«

WIE FINDEN JOURNALISTEN DIE WAHRHEIT HERAUS?

Liest du gerne Bücher, in denen Detektive knifflige Fälle lösen müssen? Dann weißt du vermutlich schon, was »recherchieren« bedeutet. Falls nicht: Es heißt eigentlich ganz einfach, dass jemand versucht, durch das Sammeln von möglichst vielen Informationen die Wahrheit herauszufinden. Für die meisten Journalisten ist das ein wichtiger Teil ihrer Arbeit. Sie tragen alles zusammen, was sie zu einem bestimmten Thema finden können, fahren herum, sprechen mit Menschen, die sich besonders gut auskennen, und oft bekommen sie sogar geheime Tipps, denen sie dann nachgehen. Sie machen also eigentlich Detektivarbeit: Sie suchen Hinweise, gehen Spuren nach, und wenn alles gut klappt, lösen sie den Fall am Ende und schreiben die ganze Geschichte auf, um sie zu veröffentlichen.

Das klingt ziemlich spannend, findest du? Stimmt. Aber jetzt kommt das Doofe: Nachrichtenjournalisten dürfen selber nämlich fast nie recherchieren. Die Detektivarbeit übernehmen andere, z. B. die Korrespondenten oder Agenturreporter.

Die Arbeit von Nachrichtenjournalisten fängt eigentlich erst hinterher so richtig an: Sie wählen aus all den angelieferten Geschichten die wichtigsten aus. Und

außerdem sind sie dafür verantwortlich, dass in ihre Sendung, Zeitung oder auf ihre Internetseite am Ende nur Meldungen kommen, die auch wirklich ganz sicher und bis ins letzte Detail stimmen. Im Prinzip sind sie also eher so etwas wie Detektiv-Überprüfer und versuchen, in den angelieferten Geschichten mögliche Fehler oder Unklarheiten zu entdecken. »Na ja«, denkst du nun vielleicht, »das klingt jetzt aber eher langweilig.« Doch in Wahrheit ist auch das oft ziemlich aufregend.

»Ping!«, macht es plötzlich und Nina stellt schnell ihre Kaffeetasse neben der Tastatur ab. Sie kennt das Geräusch: Das Signal ertönt immer dann, wenn eine Agentur eine besonders wichtige Nachricht schickt. »Offenbar Löwe im Kanzleramt unterwegs«, liest sie die Überschrift und ihre Augen werden groß. Sie öffnet die Meldung, die bisher nur aus zwei Sätzen besteht: »Im Kanzleramt in Berlin läuft nach Angaben von Augenzeugen ein Löwe durch die Flure. Weitere Hintergründe sind noch unklar.«

Nina weiß, dass die Kanzlerin und ihre Minister sich gerade zu einer Kabinettssitzung treffen wollten. Wenn das mit dem Löwen wirklich stimmt, befinden sich also die wichtigsten Politiker Deutschlands in großer Gefahr. Trotzdem wird sie diese Neuigkeit nicht einfach so melden.

Denn sie hat sofort den Satz »Be first, but first be right« im Kopf. Also: »Sei die Erste. Aber als Allererstes berichte keinen Unsinn.« Und um möglichst auszuschließen, Quatsch zu melden, hält sich Nina an die Zwei-Quellen-Regel. Die besagt, dass Journalisten nur Neuigkeiten melden, die aus mindestens zwei verschiedenen, voneinander unabhängigen Richtungen bestätigt werden. Für Nina heißt das ganz praktisch: Sie versucht nun vielleicht schnell, die Korrespondentin in Berlin anzurufen und sie zu fragen, ob sie irgendetwas weiß. Und tatsächlich: Die Korrespondentin Karla hat gerade selber mit dem Pförtner gesprochen. Und der hat den Löwen die Treppe hinaufschleichen sehen.

Damit steht für Nina und ihre Kollegen fest: Der Löwe im Kanzleramt wird der Aufmacher – also die erste Meldung – der nächsten Sendung. Weil die schon in wenigen Minuten beginnt, schreibt Nina rasend schnell auf, was sie weiß und was der Sprecher dann vorlesen wird. Sie wird dabei in der Regel auch erwähnen, woher die Informationen stammen, damit für die Zuschauer alles möglichst nachvollziehbar ist.

Rätsel

Welche zwei Quellen hat Nina denn nun?

a. Die Agentur und die Korrespondentin
b. Die Agentur und noch eine zweite Agentur
c. Die Korrespondentin und den Direktor des Berliner Zoos

Lösung:
Richtig ist Antwort a.: die Agentur und die Korrespondentin. Und wie wäre es ausgegangen, wenn Nina die Korrespondentin nicht erreicht hätte? Dann wäre es wahrscheinlich zu Antwort b. gekommen. Wenn nämlich eine wirklich wichtige Sache passiert, fangen sofort alle Agenturen in Windeseile mit der Recherche an. Sendet also dpa die Löwenmeldung, trifft in den Nachrichtenredaktionen vermutlich schon wenige Minuten später beispielsweise eine Information der Agentur Reuters ein, deren Reporter direkt selber zum Kanzleramt gerast und zum gleichen Ergebnis wie dpa gekommen sind.

Und um noch sicherer zu gehen, dass wirklich jedes Wort stimmt, zeigt sie ihren fertigen Text dann noch dem Chef vom Dienst, der ihn ein weiteres Mal kontrolliert. Auch das ist eine Regel im Nachrichtenjournalismus und sie heißt: »Vier-Augen-Prinzip«. Das bedeutet, dass nichts gesendet wird, das nicht mindestens von vier Augen – also zwei Menschen – kontrolliert wurde.[54]

➡ WEM VERTRAUEN DIE DEUTSCHEN AM MEISTEN?

Die meisten Deutschen glauben der *Tagesschau*. Bei einer Umfrage haben 90 von 100 Menschen gesagt, dass sie »voll und ganz« oder »eher« auf das vertrauen, was der Sprecher der *Tagesschau* vorträgt. Auf Platz zwei landete *heute* mit 83 Prozent, auf Platz drei *RTL aktuell* mit 43 Prozent.[55]

Für Nina gibt es aber noch ein weiteres Problem. Zwar müssen alle ihre Meldungen bis ins kleinste Detail stimmen. Doch gleichzeitig passiert in der Welt sehr viel und die Sendung ist kurz. Sie kann also nicht lang und ausführlich jede Einzelheit darlegen. Um trotzdem keine Fehler in die Nachrichten einzubauen, verwendet sie oft ganz bestimmte Begriffe, die eigentlich mehr bedeuten, als es zunächst scheint. Wenn du also eine Nachrichtensendung ansiehst, hör einmal ganz besonders genau hin. Auf der nächsten Seite kommt eine Tabelle, mit der du drei fast geheime Botschaften in Nachrichtentexten entschlüsseln kannst.

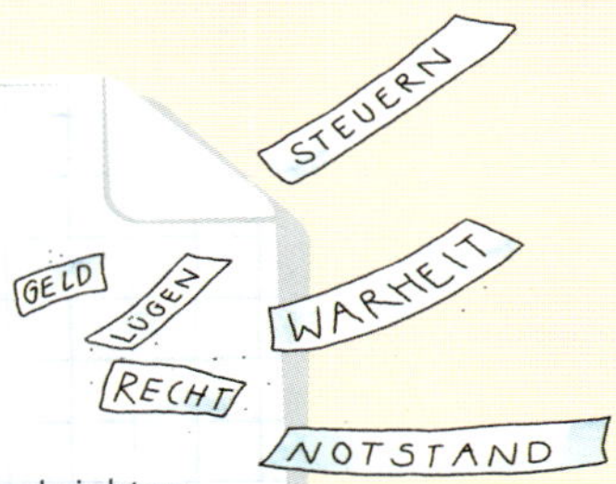

Rätsel

Welcher Merksatz stimmt?

Um Fehler zu vermeiden, gilt für Nachrichtenjournalisten das Prinzip …

a. Zwei Quellen, vier Augen!
b. Zwei Fragen, vier Antworten!
c. Zwei Brötchen, vier Kaffee!

Lösung:
Richtig ist natürlich Antwort a:
zwei Quellen, vier Augen.

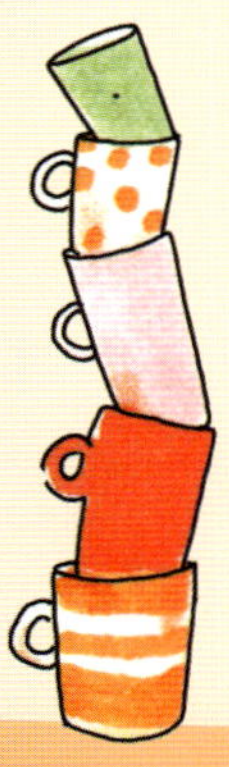

BOTSCHAFTEN IN NACHRICHTENTEXTEN:

Du hörst das Wort:	Und es bedeutet:
»Mindestens« acht Minister verstecken sich vor dem Löwen.	So ganz genau weiß Nina in Wahrheit gar nicht, wie viele Minister sich mit der Kanzlerin im Kabinettssaal vor dem Löwen versteckt haben. Die Agentur dpa behauptet acht. Die Agentur Reuters meint zehn. Nina entscheidet sich also für den Satz: »Derzeit halten sich mindestens acht Minister mit der Kanzlerin im Kabinettssaal versteckt.« Denn das stimmt auf jeden Fall.
»Bis zu« 100 Feuerwehrleute versuchen, den Löwen zu fangen.	»Nach Angaben eines Feuerwehrsprechers sind 100 Feuerwehrleute im Einsatz«, steht in der Agenturmeldung. Allerdings hat die Korrespondentin Karla am Telefon zu Nina gesagt, dass vor dem Haus nur ein einziges kleines Feuerwehrauto steht. Und dass der Pförtner nur zehn Feuerwehrleute gesehen hat. Nina schreibt also: »Derzeit versuchen bis zu 100 Feuerwehrleute, den Löwen zu fangen.« Denn das bedeutet gleichzeitig: Vielleicht sind es auch weniger.
»Möglicherweise« ist der Löwe aus dem Berliner Zoo entlaufen.	Der Berliner Zoo ist nur ungefähr drei Kilometer vom Kanzleramt entfernt. Und die Agenturen haben über einige Augenzeugen berichtet, die den Löwen angeblich auf der Strecke gesehen haben. Allerdings hat der Zoodirektor noch nicht bestätigt, dass ihm tatsächlich ein Löwe fehlt. Es ist also gut möglich, dass der Löwe aus dem Zoo kommt. Aber noch nicht sicher. Deshalb schreibt Nina den Satz: »Möglicherweise ist der Löwe aus dem Berliner Zoo entlaufen.« Ähnliche Geheimwörter sind übrigens »angeblich« (das heißt: Nina ist sich ziemlich unsicher) und »offenbar« (das bedeutet: Nina weiß es zwar nicht ganz genau, ist sich aber ziemlich sicher).

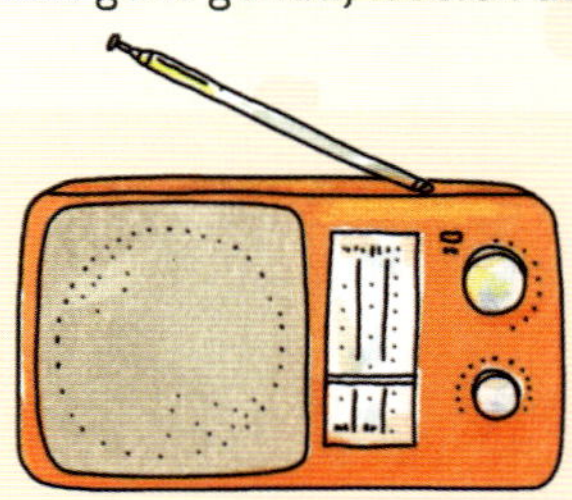

➡ UND WENN ES NUR EINE QUELLE GIBT?

Ab und zu geraten Nachrichtenjournalisten in eine Zwickmühle. Und zwar immer dann, wenn offenbar etwas Wichtiges geschehen ist, es aber keine zweite Quelle gibt. Das kann z. B. passieren, wenn in einem Land Krieg herrscht. Denn dann halten sich vor Ort oft keine Journalisten mehr auf, weil es zu gefährlich wäre. Dadurch bleiben viele Informationen geheim. In diesem Fall sagt der Nachrichtensprecher meistens dazu, dass die Redaktion nicht ganz sicher ist, ob sich wirklich alles genau so zugetragen hat. So ähnlich läuft es auch ab, wenn Nachrichtensendungen über eine Neuigkeit berichten wollen, die nur eine einzige Zeitung gemeldet hat. Dann wird immer ausdrücklich darauf hingewiesen, von wem die Meldung ursprünglich stammt.[56] Der Sprecher würde dann also z. B. vorlesen: »Nach Informationen der ›Süddeutschen Zeitung‹ ist im Kanzleramt ein Löwe unterwegs.« Und eine dritte Ausnahme gibt es von der Zwei-Quellen-Regel auch noch: und zwar dann, wenn Behörden offiziell Stellung nehmen. Würde also etwa der Sprecher der Kanzlerin viele Journalisten zu einer Pressekonferenz einladen und ihnen mitteilen, dass ein Löwe im Kanzleramt herumläuft, würden die Reporter darüber sofort berichten.

➡ WAR WIRKLICH MAL EIN LÖWE IM KANZLERAMT?

Nein, die Meldung ist frei erfunden. Aber gelegentlich kommt es wirklich vor, dass Wildtiere ausbüxen: In Leipzig sind einmal gleich zwei Löwen auf einmal aus ihrem Käfig entkommen und im Zoo spazieren gegangen.[57] Der war aber noch geschlossen, passiert ist also niemandem etwas. Und in Neuwied ist einmal ein Zirkuselefant durch die Stadt spaziert und musste eingefangen werden.[58]

MACHEN NACHRICHTEN-JOURNALISTEN TROTZDEM FEHLER?

»Ihr habt 45 Minuten Zeit für den Test«, sagt dein Mathelehrer. »Also arbeitet zügig, aber präzise. Los geht's!« Du drehst das Blatt um und starrst auf die Aufgaben. Eigentlich kannst du das alles, schließlich hast du tagelang gelernt. Aber was meint der denn bitte mit Aufgabe eins? Und Aufgabe zwei war so auch noch nie dran! Du rechnest trotzdem so schnell du kannst, aber leider nur mit mäßigem Erfolg. Denn am Ende geht 1. kein einziges deiner Ergebnisse auf, weshalb du 2. bei Edwin abschreiben willst, was 3. nicht klappt, weil dein Stuhl umkippt, weshalb 4. dein Mathelehrer bemerkt, dass Edwins Zettel fast auf deinem Tisch liegt, weshalb er euch 5. die Arbeitszettel wegnimmt und euch 6. beiden eine Sechs gibt.

Und was hat das alles mit Fehlern in Nachrichtenredaktionen zu tun? Mehr, als es auf den ersten Blick erscheinen mag. Denn dort herrscht genau wie bei Tests in der Schule fast immer Zeitdruck. Die Journalisten müssen zügig und gleichzeitig präzise arbeiten. Sie haben in ihrer Ausbildung zwar das nötige Handwerk gelernt, aber trotzdem kommt es am Ende dann doch manchmal ein wenig anders als gedacht und die Redakteure treffen schnelle Entscheidungen aus dem Bauch heraus.

Und ganz manchmal zieht dann auch noch ein Missgeschick das nächste nach sich, sodass am Ende einfach alles schiefgeht. Das nennt man übrigens »Fehlerkette«[59], und es bedeutet, dass es für eine Katastrophe in der Regel nicht nur einen einzigen Aus-

löser gibt, sondern mehrere. Und das führt dann womöglich auch dazu, dass eingebaute Sicherheitsmaßnahmen wie das Vier-Augen-Prinzip oder die Zwei-Quellen-Regel nicht mehr funktionieren.

Zum Beispiel ist vor einigen Jahren in den ARD-*Tagesthemen* mal eine falsche deutsche Flagge gezeigt worden. Hinter dem Moderator sahen die Zuschauer keine Fahne in Schwarz-Rot-Gold, sondern stattdessen eine in Rot-Schwarz-Gelb. Viele Zeitungen haben hinterher darüber berichtet und der Redaktion war das sehr peinlich. Auch für diesen Fehler gab es laut dem damaligen *Tagesthemen*-Chef Thomas Hinrichs nicht nur einen, sondern mehrere Gründe[60]: Zuerst drückte ein Grafiker versehentlich auf die falsche Farbe. Dann konnte der Chef das

Rätsel

Was glaubst du: **Welcher Fehler ist wirklich schon einmal passiert?**

(Mehrere Antworten können richtig sein.)

a. Bei *RTL aktuell* wird ein vier Tage alter Wetterbericht gesendet.
b. In der *Tagesschau in 100 Sekunden* wird versehentlich eine Schauspielerin als tot gemeldet, die in Wahrheit putzmunter ist.
c. Im *heute-journal* nennt der Moderator Claus Kleber die weltbekannte Band »Queen« mehrmals hintereinander »Queens«.

Lösung:
Alle drei Fehler sind wirklich passiert.[61] *Die Redaktionen haben sich anschließend für die Versehen entschuldigt.*

Bild nicht noch einmal vor der Sendung kontrollieren, weil in der Technik etwas kaputt war. Und als ob das nicht schon reichen würde, ging laut Hinrichs jetzt noch einmal alles richtig schief: Denn direkt bevor die Flagge in der Sendung gezeigt wurde, war auf einem der vielen Bildschirme in der Regie das EM-Tor von Russland gegen die Niederlande zu sehen. Leider waren die Sendungsaufpasser Fußballfans – und deshalb in diesem Moment so abgelenkt, dass sie die falsche Flagge nicht bemerkten.

Nachrichtenjournalisten sind also genau wie alle anderen Menschen manchmal unkonzentriert oder unsicher, treffen falsche Entscheidungen oder lassen sich an verkehrten Stellen mitreißen.

Aber: Das passiert wirklich nur selten. Die Journalisten der *Tagesschau*, von *heute*, *RTL aktuell* und *logo!* bemühen sich stattdessen Tag für Tag, die Zuschauer so seriös, ausgewogen und fehlerfrei zu informieren wie möglich. Früher haben die Journalisten eher für sich behalten, wenn doch einmal etwas schiefging. Inzwischen versuchen aber immer mehr Redaktionen, auch mit Missgeschicken offen umzugehen. Das ZDF z. B. hat dafür extra eine Internetseite eingerichtet,[62] auf der jeder nachlesen kann, welche Irrtümer warum passiert sind – und was stattdessen tatsächlich der Wahrheit entspricht. Für *heute*, das *heute-journal* und heute.de finden sich dort insgesamt nur etwa zwei Einträge pro Monat. Und die meisten der aufgeführten Fehler sind eher klein.

Rätsel

RTL aktuell hat einmal darüber berichtet, welche Politiker bei Abstimmungen im Bundestag am häufigsten fehlen. Auf der Grafik hinter der Moderatorin stand: »Nicht anwesent«.

Findest du den Fehler?

a. »Nicht« wird kleingeschrieben.
b. »Nicht« wird hinten mit d geschrieben.
c. »Anwesent« wird hinten mit d geschrieben.

Lösung:
Richtig ist Antwort c.:
»Anwesend« wird hinten mit d geschrieben.

Jennifer Sieglar moderiert die Kindernachrichtensendung *logo!*. Hier verrät sie, dass das Studio in Wahrheit völlig anders aussieht als im Fernsehen, welche Tricks gegen Aufregung helfen – und warum sie schon einmal direkt vor der Sendung ihr T-Shirt ausziehen musste.

© Foto: Sebastian Lapke

Ich kenne ein Geheimnis von Ihnen. Sie hatten früher manchmal rechts einen anderen Schuh an als links.

JENNIFER SIEGLAR: Das stimmt. Ich konnte mich nicht entscheiden, weil ich beide gleich schön fand. Die hatten unterschiedliche Farben, aber flache Sohlen. Heute habe ich leider keine Schuhe mehr, mit denen das funktionieren würde. Ich würde humpeln, weil vielleicht der rechte Schuh höher wäre als der linke!

Und ich weiß noch was über Sie: Eigentlich wollten Sie nämlich gar nicht Journalistin werden, sondern Agentin – und selber Geheimnisse von anderen herausfinden.

Ich wollte Geheimagentin werden und habe mir das so vorgestellt wie in »James Bond«-Filmen. Ich wollte unterwegs sein und böse Menschen jagen. Aber dann habe ich mich beim Deutschen Geheimdienst informiert, und die haben mir gesagt, dass ich in dem Beruf häufig umziehen muss und meine Familie oft nicht sehen kann. Das fand ich dann doch nicht so schön und habe gedacht: »Gut. Dann informiere ich die Leute lieber darüber, was passiert.«

Und wie sind Sie dann Journalistin geworden?

Ich habe nach dem Abitur studiert und nebenher oft Praktika in Redaktionen gemacht. Anschließend habe ich mich um ein Volontariat beim Hessischen Rundfunk beworben, das ist so etwas wie die Ausbildung zum Journalisten. Danach bin ich dann bei *logo!* geblieben.

Wenn Schüler sich bei Redaktionen um Praktikumsstellen bewerben, kriegen sie oft eine Absage. Gibt es da einen Trick?

Der Trick ist: Man muss klein anfangen und sich dann hocharbeiten. Mein erstes Praktikum habe ich bei der »Bad Sodener Zeitung« gemacht, das ist ein ganz kleines Blättchen. Wenn das geklappt hat, bewirbt man sich bei einer größeren Zeitung. Ich war anschließend beim Radio. Und erst danach habe ich eine Zusage für ein Praktikum beim Fernsehen bekommen.

Bei *logo!* waren Sie zunächst Redakteurin. Haben die Sie dann irgendwann gefragt, ob Sie auch moderieren wollen?

Das habe ich mir vielleicht heimlich gewünscht. Ich habe gehofft, dass ich irgendwo sitze und plötzlich der Chef vorbeikommt und sagt: »Übrigens: Ich kann

LIVE

mir vorstellen, dass du auch eine ganz tolle Moderatorin wärst.« Aber leider ist das nie passiert! Meine Erfahrung ist: Man darf nicht warten, bis man gefragt wird, denn meistens wird man nicht gefragt. Ich musste mich immer selber vorschlagen. Bei *logo!* habe ich dann an zwei Castings teilgenommen, aber sie haben beide Male jemand anderen genommen. Erst beim dritten Anlauf hat es geklappt.

Waren Sie aufgeregt, als Sie dann das erste Mal vor der Kamera standen?

Ich war so aufgeregt, dass mir die Beine gezittert haben und mein Herz so doll geschlagen hat, dass ich nicht mal mehr richtig atmen konnte. Ich bin nicht so eine coole Socke. Andere sind da entspannter. Obwohl: Manchmal habe ich das Gefühl, dass viele auch nur so tun, als wären sie furchtbar cool, aber in Wahrheit stimmt das gar nicht.

Ist es dann in der zweiten Sendung besser geworden?

Leider nein. Ich war richtig lange total aufgeregt. Irgendwann habe ich sogar gedacht: »Boah, du wolltest zwar unbedingt moderieren – aber vielleicht ist das einfach doch nicht dein Ding, vielleicht bist du zu aufgeregt dafür.« Ich habe mir ernsthaft überlegt, ob ich nicht wieder damit aufhören sollte.

Dann ist etwas Lustiges passiert: Genau in dem Moment habe ich nämlich ein Casting als Moderatorin für Erwachsenen-Nachrichten gewonnen, bei dem ich mich schon vorher beworben hatte. Und da habe ich gedacht: »Vielleicht machst du das doch ganz gut und brauchst nur ein bisschen mehr Selbstbewusstsein.« Und so war es dann auch.

Gibt es geheime Moderatoren-Tricks, die vielleicht sogar helfen, wenn man vor Referaten in der Schule aufgeregt ist?

Ja. Ein Trick geht so: Man stellt sich breitbeinig hin, stemmt von hinten die Hände in die Hüften, schiebt den Brustkorb nach vorne, macht sich ganz groß und denkt dabei: »Ich schaffe das.« Das klingt verrückt, aber es funktioniert! Das kann man vielleicht heimlich vor dem Referat auf der Schultoilette machen.

Wenn man dann vor der Klasse steht, kann man außerdem kurz mit dem rechten Daumen ganz fest in das Fleisch zwischen dem linken Daumen und dem linken Zeigefinger drücken. Das tut ein bisschen weh, aber die Aufregung wird weniger.

Sie steigen vor der Sendung ja außerdem Treppen. Machen Sie das auch, weil Sie nervös sind?

Nein, das mache ich, weil wir Moderatoren vor der Sendung nicht Fahrstuhl fahren sollen. Denn wenn ich kurz vor der Sendung im Aufzug stecken bleibe, kann niemand mehr einspringen und *logo!* fällt aus!

Wenn Sie im Studio stehen und nach vorne gucken: Was sehen Sie da eigentlich?

Vor mir ist eine Roboterkamera. Die wird aus der Regie über einen Computer gesteuert und fährt automatisch hin und her. Deshalb muss ich immer aufpassen! Wenn an der ein rotes Lämpchen blinkt, muss ich zwei Meter Abstand halten, damit die mich nicht aus Versehen umhaut.

Daneben steht eine zweite Kamera, die von einem Kameramann oder einer Kamerafrau bedient wird. Außerdem hängen da noch Monitore. Ach ja, und links von mir sitzt ein Kollege, der den Teleprompter bedient.

Und was ist hinter Ihnen?

Hinter mir steht der Tisch. Und dann ist da nur noch eine riesige grüne Wand.

Aber wenn man *logo!* guckt, ist hinter Ihnen doch überhaupt keine grüne Wand! Da sind doch Bilder oder der *logo!*-Globus!

Die sind in Wirklichkeit gar nicht da. *logo!* wird in einem virtuellen Studio gemacht. Das heißt: Um mich herum ist in Wahrheit alles grün. In der Regie steht ein Computer, der die Farbe während der Sendung automatisch ersetzt. Statt Grün sehen die Zuschauer also Dinge, die wir uns vorher ausgesucht haben. Bilder z. B. Oder den *logo!*-Globus.

Wenn Sie in der Sendung also mit der Hand auf den Globus deuten, sehen Sie ihn dort in Wahrheit überhaupt nicht?

Genau. Ich stelle mir einfach nur vor, dass er da ist, und deute mit der Hand irgendwo ins Grün, obwohl ich gar nicht weiß, wo der Globus genau ist. Damit ich nicht aus Versehen in eine völlig falsche Richtung zeige, wird die mir aber zum Glück noch so ungefähr auf einem Bildschirm angezeigt.

Werden auch noch andere Sendungen im *logo!*-Studio gemacht?

Ja, z. B. die *heute*-Nachrichten und das *heute-journal*. Im Fernsehen sieht das Studio dann ganz verschieden aus, obwohl das in Wahrheit gar nicht so ist. Nur den Tisch kann man immer wiedererkennen, der sieht in jeder Sendung gleich aus.

Ist es im Studio eigentlich warm oder kalt?

Im Studio sind mehr als 100 Lampen. Zum Glück ist der Raum groß und die Scheinwerfer hängen ungefähr vier Meter hoch, sonst würde es dort sehr warm werden. Und Fenster zum Lüften gibt es auch nicht. Im Studio sind immer ungefähr 20 Grad. Wir werden manchmal von Zuschauern gefragt, warum wir im Sommer eigentlich nicht in kurzen Hosen moderieren – also dafür wäre es zu kalt!

Dürfen Sie denn anziehen, was Sie wollen?

Ja, aber ich muss ein paar Regeln beachten. Ich darf keine Markensachen tragen, weil das Werbung wäre. Dann darf ich nichts stark Gemustertes anziehen, denn das ist für die Kamera schwierig und das Bild flimmert. Und ich darf natürlich nichts Grünes tragen. Denn dann würde der Computer mich im Bild ersetzen.

Und wenn Sie einfach doch mal ein grünes Kleid mit einer grünen Strumpfhose und grünen Schuhen anziehen würden?

Dann würde man in der Sendung von mir nur einen schwebenden Kopf mit wackelnden Händen sehen. An Silvester habe ich morgens zu Hause mal gedacht: »Och, heute ziehe ich was mit Glitzer an, das ist doch feierlich!« Ich hatte aber nicht daran gedacht, dass Pailletten

LIVE

wirken wie ein Spiegel. Und weil im Studio ja alles grün ist, waren die Pailletten plötzlich auch grün, und dadurch wurde ich durchsichtig! Da musste ich fünf Minuten vor der Sendung mit der Frau am Teleprompter die Klamotten tauschen.

Tragen Sie in der Sendung immer Ihre privaten Anziehsachen?

Es gibt viele Nachrichtensendungen, in denen die Moderatoren mit Kleidung ausgestattet werden. Bei *logo!* ist das nicht so. Ich ziehe also morgens zu Hause einfach das an, was ich abends in der Sendung tragen möchte.

Und wenn Sie dann in der Kantine beim Essen kleckern?

Das ist schlecht. Deshalb hänge ich mir zum Essen immer viele Servietten als Lätzchen um.

Und wenn es Spaghetti mit Tomatensoße gibt und dann auch noch die Serviette runterfällt?

Linda und ich haben für solche Notfälle noch Ersatzklamotten im Schrank. Aber Tim hat schon ein paarmal mit bekleckertem T-Shirt moderiert.

Vielleicht finden Kinder das aber gar nicht so schlimm.

Das stimmt. Es gucken aber auch viele Erwachsene zu. Ungefähr jeder dritte Zuschauer bei *logo!* ist älter als 18! Manche von ihnen sind Eltern, die die Sendung zusammen mit ihren Kindern ansehen. Aber viele Erwachsene gucken *logo!* auch deshalb, weil sie da die Nachrichten besser verstehen.

Dürfen Sie *logo!* eigentlich moderieren, bis Sie eine Oma sind?

Es gibt kein offizielles Höchstalter bei *logo!*. Trotzdem ist es natürlich besser, wenn die Schulzeit der Moderatoren nicht schon 50 Jahre her ist und sie sich gar nicht mehr richtig daran erinnern können. Tim, Linda und ich sind ungefähr acht Jahre auseinander, die Kinder schätzen uns aber alle ungefähr gleich alt. Dabei bin ich in Wahrheit die älteste von uns dreien, nämlich schon 35! Bei Befragungen antworten die Kinder immer, dass sie besonders an mir mögen, dass ich so viel lache. Vielleicht wirke ich dadurch jünger. Bislang sagt mein Chef auf jeden Fall noch, dass ich *logo!* moderieren kann, solange ich möchte.

Was würden Sie denn am liebsten machen, falls Sie doch irgendwann mal bei *logo!* aufhören?

Ich arbeite ja schon zusätzlich als Nachrichtensprecherin für Erwachsene beim Hessischen Rundfunk. Das würde ich dann gerne weitermachen.

Oder vielleicht doch noch Geheimagentin werden!

Also, wenn ich mir einen ganz anderen Beruf aussuchen müsste, dann würde ich vielleicht doch lieber Fotografin als Geheimagentin werden. Aber eigentlich sind Nachrichten wirklich mein absoluter Traumberuf.

PLEITEN, PECH UND PANNEN

Nachrichten werden live gesendet. Das heißt aber auch: Wenn im Studio einmal etwas schiefgeht, sind die Zuschauer immer dabei! Hier die Top-4-Liste der schönsten und lustigsten Pannen aus deutschen und österreichischen Nachrichtensendungen.

Platz 4: Das platt gesessene Mikro

Der *RTL aktuell*-Moderator Peter Kloeppel lässt sich auf seinen Stuhl plumpsen und fängt an zu moderieren. Aber warum klingt denn der Ton so dumpf? Leider steckt sein Mikro nicht am Hemd, sondern klemmt zwischen Popo und Stuhlsitz. Peter Kloeppel greift unter seinen Hosenboden und zieht es hervor – ungefähr so wie ein Zauberer das Kaninchen aus dem Hut.

Platz 3: Der herausgefallene Zahn

Die Pro7-Nachrichtensprecherin Christiane Jörges präsentiert gerade eine Meldung über die Sonnenfinsternis, als sich irgendetwas in ihrem Mund komisch anfühlt. Wenige Sekunden später fällt ihr die Zahnkrone heraus – mitten im Satz und mitten in der Sendung!

Platz 2: Der Komiker unter dem Tisch

In der österreichischen Nachrichtensendung *ZIB* will Ingrid Thurnher den Komiker Otto Waalkes interviewen. Doch statt ihr ernsthaft auf ihre Fragen zu antworten, nennt er sie »Frau Turnschuh«, lacht sich die ganze Zeit kaputt – und setzt sich schließlich während der Sendung einfach unter den Tisch.

Platz 1: Der eifrige Putzmann

Die *Tagesschau*-Sprecherin Susanne Daubner ahnt nichts Böses, als sie frühmorgens im Studio sitzt und »Guten Morgen« in die Kamera sagt. Doch auf einmal quetscht sich hinter ihr ein Putzmann vorbei! Der merkt nicht, dass die Sendung schon läuft und wie viele Menschen ihm gerade zusehen – deshalb leert er erst mal in aller Seelenruhe den Papierkorb. Susanne Daubner liest ungerührt weiter die Nachrichten vor – wer genau hinsieht, kann aber merken, dass sie nur mit Mühe das Lachen unterdrücken kann.

SONDERFALL FAKE NEWS

WAS SIND EIGENTLICH FAKE NEWS?

»Schon gehört? Sommerferien fangen zwei Wochen früher an!!« Du starrst auf den Bildschirm und kannst es kaum glauben: Das ist wirklich die beste Nachricht des Jahrhunderts. Dann fällt ja sogar die Mathearbeit aus! Schnell klickst du das YouTube-Video unter der Überschrift an – und tatsächlich. Darin wird genau erklärt, dass die Ferien bundesweit eher beginnen als sonst, weil so viele Lehrer krank sind. Und dass sie deshalb auch nicht nach sechs, sondern erst nach acht Wochen zu Ende sind. Genau drei Sekunden später hast du den Link an alle deine Freunde geschickt. Die kippen um, wenn sie das sehen! Und heute Nachmittag könnt ihr euch im Freibad treffen, denn für die Arbeit braucht ja keiner mehr zu lernen.

Klingt super, aber leider hat die Geschichte einen Haken: Sie ist nämlich frei erfunden. Der Film sieht zwar echt aus, doch er entspricht nicht der Wahrheit. Die Sommerferien dauern wie immer sechs Wochen und sie beginnen auch nicht früher als gedacht. Du bist also auf »Fake News« hereingefallen – und hast sie auch noch weiterverbreitet.

➜ WAS BEDEUTET »FAKE NEWS«?

»Fake News« (das wird so ausgesprochen: Fäik Njus) ist Englisch. Wörtlich übersetzt heißt es ganz einfach: »gefälschte Nachrichten«.

Warum erfinden Menschen Nachrichten?

Fake News sind seit einigen Jahren ein großes Problem. Besonders in den sozialen Medien wie Twitter, Facebook, Instagram oder YouTube tauchen sie immer öfter auf. Und weil es oft nur einen Mausklick lang dauert, die Falschnachrichten mit Freunden zu teilen, rasen sie oft in Sekundenschnelle um die ganze Welt.

Du kannst dir das ungefähr so vorstellen, als würde man auf eine Zahnpastatube drücken: Je mehr Menschen mitmachen, desto schneller schießt die Zahncreme heraus – und niemand kann mehr kontrollieren, wohin. Wenn jetzt später aber irgendwer aufdeckt, dass die Nachricht falsch war, bekommen das die meisten der Empfänger gar nicht mehr mit. Die Lüge ist also in der Welt und lässt sich nicht mehr einfangen. Man könnte auch sagen: Es ist so gut wie unmöglich, Zahnpasta vom Spiegel, der Wand und der Decke bis zum letzten Fitzelchen abzukratzen und zurück in eine Tube zu quetschen.

ABER WER ERFINDET FAKE NEWS – UND WARUM?

Viele Fake-News-Erfinder wollen sich einfach wichtig machen. Sie spielen sich gerne auf und freuen sich darüber, wenn andere auf sie hereinfallen. Solche Menschen gab es schon immer. Der Unterschied zu früher ist nur: Damals haben sich Lügen nicht so schnell verbreitet. Es existierten noch kein Internet und keine sozialen Netzwerke wie Twitter, YouTube oder Facebook, in denen jeder ungeprüft alles schreiben konnte.

So gab es z. B. mal einen Mann, der so getan hat, als wäre er Arzt, obwohl er in Wahrheit Postbote war. Fast alle haben ihm geglaubt und schließlich hat er sogar in einem Krankenhaus gearbeitet.[63] Auch unter Journalisten gibt es Betrüger. Zum Beispiel hat mal ein Redakteur des »Spiegel« Teile seiner Geschichten einfach erfunden. Als seine Kollegen ihm auf die Schliche kamen, gab es einen Riesenskandal. Das Magazin machte sofort alles öffentlich, entschuldigte sich und der Journalist wurde auf der Stelle entlassen.[64] Dass Journalisten oder Ärzte absichtlich betrügen, kommt jedoch nur selten vor: Die große Mehrheit nimmt ihre Aufgabe ernst und arbeitet sorgfältig und gewissenhaft.

Es gibt noch weitere Gründe für das Erfinden von Falschnachrichten. Manche Menschen verdienen damit nämlich sogar Geld. Das funktioniert z. B. so: Lothar Lüge besorgt sich eine eigene Seite im Internet. Das kostet nicht viel. Er nennt sie vielleicht www.lotharstollenachrichten.de. Anschließend denkt er sich abenteuerliche Neuigkeiten mit möglichst reißerischen Überschriften aus und verbreitet sie über Facebook, Twitter oder andere soziale Netzwerke. Wenn sein Plan aufgeht, klicken viele Menschen die vermeintlichen Nachrichten an, verbreiten sie weiter und besuchen Lothars Homepage, um alles

noch einmal genau nachzulesen. Dort gibt es aber nicht nur erfundene Artikel, sondern auch Werbeanzeigen. Und für die bekommt Lothar Lüge Geld – und zwar umso mehr, je öfter seine Leser die Werbung anklicken. Man könnte also auch sagen: Lothar Lüge versucht einfach, Menschen mit erfundenen Geschichten auf seine Seite zu locken, damit sie dort Werbung zu sehen bekommen und er reich wird. Gute Nachrichtenerfinder können so nämlich mehrere 1000 Euro pro Artikel verdienen.[65]

Ein dritter und sehr wichtiger Grund für das Erfinden von Falschnachrichten ist Stimmungsmache. Fake-News-Schreiber wollen z. B. oft Angst vor Menschen aus anderen Ländern verbreiten – einfach deshalb, weil es ihnen nicht gefällt, dass Deutschland Flüchtlinge aufnimmt. Das funktioniert z. B. so: Peter Panik will nicht, dass in seiner Nachbarschaft eine Flüchtlingsfamilie einzieht. Deshalb behauptet er bei Facebook, dass der syrische Vater ein Einbrecher ist und im Garten Schafe schlachtet. Dabei stimmt das überhaupt nicht und Peter Panik hat den Mann in Wahrheit noch nie gesehen. Er hofft aber, dass möglichst viele Menschen aus seiner Stadt die Lüge glauben, weiterverbreiten und schließlich so viele Menschen gegen Flüchtlinge sind, dass die Familie woanders hinzieht.

Auch vor Wahlen kommt es oft zu Stimmungsmache durch Fake News: Nachrichtenerfinder setzen dann z. B. Lügen über Politiker in die Welt, damit diese am Ende weniger Stimmen bekommen. Wenn Fake-News-Opfer sich dagegen wehren, haben sie mal wieder das oben beschriebene Zahnpasta-Problem: Die Lüge hat sich schon so weit verbreitet, dass immer irgendwo etwas hängen bleibt.

SONDERFALL FAKE NEWS

WIE KANNST DU SELBER FAKE NEWS ENTLARVEN?

Wer Fake News entlarven will, muss beim Lesen von Artikeln im Internet sorgfältig und Schritt für Schritt vorgehen – ähnlich wie ein Detektiv, der einen komplizierten Fall lösen will. Arbeite dabei die folgende Liste von oben nach unten ab:

1.

Lies dir die Überschrift und den Artikel genau durch. Sei dabei kritisch und höre auf dein Bauchgefühl. Ist es wahrscheinlich, dass die Meldung wirklich stimmt? Ist sie sachlich formuliert – oder klingt sie überdreht und reißerisch? Soll der Artikel wütend machen? Löst er vielleicht sogar bei dir selber stark Gefühle aus, wie die Meldung über die verlängerten Sommerferien? Solltest du nach Beantwortung dieser Fragen auch nur den kleinsten Verdacht haben, dass es sich um Fake News handelt, mach weiter mit Schritt zwei.

2.

Überprüfe die Quelle. Sieh dir dafür die Internetseite, von der die Meldung stammt, genau an. Handelt es sich um den Onlineauftritt einer bekannten Zeitung? Eines seriösen Fernsehsenders? Dann stimmt die Meldung wahrscheinlich wirklich. Du bist dir unsicher, um was für eine Internetseite es sich handelt? Dann suche das Feld »Impressum« (meistens steht es irgendwo ganz unten) und klicke es an. Weit oben im Impressum steht in der Regel der genaue Name des Mediums. Gib ihn bei Google ein, am besten setzt du ihn dafür in Anführungszeichen. Nun schau dir die Ergebnisse an: Sind es insgesamt nur wenige Hundert Treffer, ist das ein Hinweis darauf, dass die Meldung nicht stimmt. Gibt es überhaupt kein Impressum, sollten bei dir sofort alle Alarmglocken schrillen! Grundsätzlich gilt: Je mehr Informationen du über den Autor des Artikels und das Medium zusammentragen kannst, desto besser.

3.

Du bist dir noch immer unsicher, ob es sich um Fake News handelt? Dann gib das wichtigste Wort aus der Überschrift bei Google ein. Beim Beispiel mit den verlängerten Ferien wäre das der Begriff: »Sommerferien«. Über der Ergebnisliste tauchen jetzt verschiedene Begriffe auf. Ganz links steht »Alle«, ein Stück weiter rechts »News«. Klicke auf News. Hier tauchen alle Artikel auf, die zum Thema Sommerferien erschienen sind. Sieh dir an, welche anderen Medien auf welche Art über das Thema berichten. Sollten die Ferien tatsächlich verlängert worden sein, würden sehr sicher zahlreiche seriöse Onlineseiten die Meldung aufgreifen. Solltest du hier nichts oder nur sehr wenige Artikel finden, heißt es: allergrößte Vorsicht! Manchmal veröffentlichen Fake-News-Macher zudem Meldungen, die nur halb stimmen. Das heißt: Die Neuigkeiten haben womöglich einen wahren Kern, aber die Überschrift ist irreführend oder ganz falsch. Auch solchen Meldungen kannst du auf die Schliche kommen, wenn du nachsiehst, wie andere Medien mit dem Thema umgehen.

4.

Für diesen Schritt brauchst du vielleicht die Hilfe deiner Eltern, er ist etwas kompliziert. Sollte sich in dem Artikel ein Foto befinden, klicke mit der rechten Maustaste darauf, wähle »Bild sichern unter« aus und speichere es auf deinem Computer. Nun gehst du wieder auf die Seite von Google. Ganz oben rechts in der Ecke steht der Begriff »Bilder«. Den klickst du an. Rechts im Suchfeld taucht nun plötzlich eine kleine Abbildung von einer Kamera auf, die du ebenfalls noch einmal anklicken musst. Nun hast du zwei Auswahlmöglichkeiten: Du nimmst die rechte, nämlich »Bild hochladen«. Nun musst du nur noch das Bild von deinem Computer hochladen. In der Ergebnisliste kannst du sehen, auf welchen Seiten das Bild sonst noch verwendet wurde. Sehr oft sind die Fotos bei falschen Nachrichten schon uralt oder zeigen in Wahrheit etwas ganz anderes – und die Fake-News-Macher haben sie einfach geklaut. Die Google-Bildersuche funktioniert ziemlich gut, allerdings leider nicht bei jedem Foto.

5.

Solltest du dir jetzt immer noch unsicher sein, ob die Meldung wahr oder falsch ist, hole dir Hilfe von einem Erwachsenen. Frage z. B. deine Eltern oder Lehrer um Rat.

ANMERKUNGEN

1 https://www.bitkom.org/Presse/Presseinformation/Fernsehen-ist-beliebteste-Nachrichtenquelle-unter-Jugendlichen.html

2 https://de.statista.com/statistik/daten/studie/160918/umfrage/reichweiten-ausgewaehlter-tv-nachrichtensendungen/, abgerufen am 14. Februar 2019

3 »logo!!«-Kinderreporterin trifft Dr. Thomas Bellut, Intendant des ZDF https://presseportal.zdf.de/pm/das-zdf-feiert-25-jahre-logo/, abgerufen am 8. Oktober 2018

4 http://media.digitalnewsreport.org/wp-content/uploads/2018/06/digital-news-report-2018.pdf?x89475: , abgerufen am 8. Dezember 2018

5 https://www.rtr.at/de/inf/Studie_VOD-Zeitalter2018/Studie_VOD-Zeitalter.pdf, abgerufen am 8. Dezember 2018

6 http://media.digitalnewsreport.org/wp-content/uploads/2018/06/digital-news-report-2018.pdf?x89475:, abgerufen am 8. Dezember 2018

7 https://www.rundfunkbeitrag.de/buergerinnen_und_buerger/informationen/index_ger.html, abgerufen am 26. Oktober 2018

8 https://www.dpa.com/de/unternehmen/zahlen-fakten/, abgerufen am 19. Oktober 2018

9 https://www.dpa.com/de/unternehmen/faq/, abgerufen am 19. Oktober 2018

10 https://intern.tagesschau.de/fragen/, abgerufen am 19. Oktober 2018

11 Schneider, Wolf und Raue, Paul-Josef: Das neue Handbuch des Journalismus und des Online-Journalismus. Hamburg 2012. S. 111

12 Matzen, Nea und Radler, Christian (Hg.): Die Tagesschau. Zur Geschichte einer Nachrichtensendung, Konstanz 2009, S. 205

13 https://www.ndr.de/fernsehen/sendungen/weltbilder/Interviews-mit-den-ARD-Korrespondenten,ausland106.html, abgerufen am 19. Oktober 2018

14 https://www.royal.uk/50-facts-about-queens-reign, abgerufen am 25. Oktober 2018

15 Matzen, Nea und Radler, Christian (Hg.): Die Tagesschau. Zur Geschichte einer Nachrichtensendung, Konstanz 2009, S. 151

16 https://www.youtube.com/watch?v=WGKWcF9oahc, abgerufen am 1. November 2018

17 ebd., S. 24

18 https://intern.tagesschau.de/fragen/, abgerufen am 5. November 2018

19 https://www.dsw.org/wp-content/uploads/2016/08/DSW-Datenreport_2016.pdf, abgerufen am 6. November 2018

20 https://www.destatis.de/DE/Themen/Gesellschaft-Umwelt/Verkehrsunfaelle/Publikationen/Downloads-Verkehrsunfaelle/unfaelle-kinder-5462405187004.pdf?__blob=publicationFile, abgerufen am 5. November 2018

21 https://www.psychologytoday.com/us/articles/200306/our-brains-negative-bias, abgerufen am 8. November 2018

22 Rosling, Hans: Factfulness. Wie wir lernen, die Welt so zu sehen, wie sie wirklich ist, Berlin 2018, S. 8 ff.

23 https://perspective-daily.de/konstruktiver_journalismus/definition, abgerufen am 8. November 2018

24 Weischenberg, Siegfried: Nachrichten-Journalismus, Anleitungen und Qualitäts-Standards für die Medienpraxis, Wiesbaden 2001, S. 32

25 https://www.suedkurier.de/ueberregional/panorama/Warum-vieles-wahrscheinlicher-ist-als-Opfer-eines-Terroranschlags-zu-werden;art409965,8657606, abgerufen am 16. Oktober 2018

26 Weischenberg, Siegfried: Nachrichten-Journalismus, Anleitungen und Qualitäts-Standards für die Medienpraxis, Wiesbaden 2001, S. 26 ff.

27 https://www.bz-berlin.de/panorama/diese-dogge-verspeiste-43-socken-ihres-herrchens, https://www.tagesschau.de/inland/erbschaftsteuer-kompromiss-103.html und https://www.abendzeitung-muenchen.de/inhalt.zu-tief-in-den-becher-geschaut-igel-steckt-in-joghurtbecher-kurioser-polizeieinsatz.c9e6527f-67ab-43cd-a620-aa2279e0fd11.html, abgerufen am 12. November 2018

28 Schneider, Wolf und Raue, Paul-Josef: Das neue Handbuch des Journalismus und des Online-Journalismus. Hamburg 2012. S. 212

29 https://www.bild.de/news/ausland/ausserirdische/affe-loest-alien-panik-in-china-aus-18999112.bild.html, abgerufen am 13. November 2018

30 Krüger, Udo Michael und Zapf-Schramm, Thomas: InfoMonitor 2016: Nachrichtenprofile langfristig stabil, Analyse der Fernsehnachrichten von Das Erste, ZDF, RTL und Sat.1 , in: Media Perspektiven 2/2017, S. 66, https://www.ard-werbung.de/fileadmin/user_upload/media-perspektiven/pdf/2017/0217_Krueger_Zapf-Schramm.pdf

31 Neuberger, Christoph und Kapern, Peter: Grundlagen des Journalismus, Wiesbaden 2013, S. 119

32 https://www.tagesspiegel.de/medien/tagesschau-jubilaeum-bohlen-wuerde-ich-machen/3685302.html, abgerufen am 13. November 2018

33 Matzen, Nea und Radler, Christian (Hg.): Die Tagesschau. Zur Geschichte einer Nachrichtensendung, Konstanz 2009, S. 137

34 https://blog.tagesschau.de/2017/11/01/welche-bilder-soll-die-tagesschau-zeigen/, Blogeintrag des damaligen ARD-Chefredakteurs Kai Gniffke, abgerufen am 30. August 2018

35 https://intern.tagesschau.de/fragen/, »Welche Bilder zeigt die Tagesschau?«, abgerufen am 20. November 2018

36 Zusammenfassung eines Interviews mit dem logo!-Redakteur Markus Mörchen, http://www.br-online.de/jugend/izi/deutsch/publikation/televizion/19_2006_2/logo.pdf, abgerufen am 18. November 2018

37 https://blog.tagesschau.de/2017/11/01/welche-bilder-soll-die-tagesschau-zeigen/, Blogeintrag des damaligen ARD-Chefredakteurs Kai Gniffke, abgerufen am 30. August 2018

38 Repräsentative Forsa-Umfrage für die Zeitschrift »Hörzu«, https://www.presseportal.de/pm/51874/2964112, Pressemitteilung abgerufen am 20. November 2018

39 https://www.tagesschau.de/inland/illegale-autorennen-berlin-103.html, abgerufen am 18. November 2018

40 Schneider, Wolf und Raue, Paul-Josef: Das neue Handbuch des Journalismus und des Online-Journalismus. Hamburg 2012. S. 294 ff.

41 https://www.presserat.de/pressekodex/pressekodex/#panel-ziffer_8___schutz_der_persoenlichkeit_, abgerufen am 26. November 2018

42 https://www.berliner-zeitung.de/kultur/festnahme-in-herne-darum-verpixeln-viele-medien-jetzt-das-gesicht-von-marcel-h--26175198, abgerufen am 26. November 2018

43 Detaillierte Informationen zur Rechtslage finden sich hier: Wandkte, Artur-Axel und Ohst, Claudia (Hg.): Medienrecht Praxishandbuch, Berlin/Boston 2014, Kapitel vier, Abschnitt 104

44 https://www.duden.de/rechtschreibung/Demokratie, abgerufen am 3. Dezember 2018

45 https://www.arbeitsagentur.de/familie-und-kinder/anspruch-hoehe-dauer, abgerufen am 3. Dezember 2018

46 Schneider, Wolf und Raue, Paul-Josef: Das neue Handbuch des Journalismus und des Online-Journalismus. Hamburg 2012. S. 289 ff.

47 http://www.spiegel.de/politik/deutschland/die-flick-affaere-ein-mann-kaufte-die-republik-a-441136.html, abgerufen am 3. Dezember 2018

48 Schneider, Wolf und Raue, Paul-Josef: Das neue Handbuch des Journalismus und des Online-Journalismus. Hamburg 2012. S. 290

49 https://www.reporter-ohne-grenzen.de/fileadmin/Redaktion/Presse/Downloads/Ranglisten/Rangliste_2018/Rangliste_der_Pressefreiheit_2018_-_Reporter_ohne_Grenzen.pdf, abgerufen am 4. Dezember 2018

50 https://www.presserat.de/pressekodex/pressekodex/, abgerufen am 4. Dezember 2018

51 Zum Beispiel hier: https://www.zdf.de/nachrichten/heute/fragen-und-antworten-114.html, abgerufen am 11. Dezember 2018

52 http://www.spiegel.de/politik/deutschland/csu-sprecher-strepp-tritt-nach-zdf-affaere-zurueck-a-863356.html, abgerufen am 11. Dezember 2018

53 Kuhla, Karoline: Fake News, Hamburg 2017, S. 121 ff.

54 Für die Tagesschau z. B. hier erklärt: https://www.youtube.com/watch?v=WGKWcF9oahc&list=PLkKDSXRppVa6oPNjmrf4aoWg9g0IJH-w8, ab Min. 06:50, abgerufen am 11. Dezember 2018

55 Repräsentative Forsa-Umfrage für die Zeitschrift »Hörzu«, https://www.presseportal.de/pm/51874/3896938, abgerufen am 11. Dezember 2018

56 Zum Beispiel hier erklärt: https://www.zdf.de/zdfunternehmen/fragen-an-das-zdf-118.html, abgerufen am 18. Dezember 2018

57 https://www.tagesspiegel.de/weltspiegel/sachsen-loewe-im-zoo-leipzig-nach-ausbruch-erschossen/14622668.html, abgerufen am 11. Dezember 2018

58 https://www.welt.de/regionales/rheinland-pfalz-saarland/article177115118/Neuwied-Warum-spaziert-ein-Elefant-mitten-durch-Rheinland-Pfalz.html, abgerufen am 11. Dezember 2018

59 Scheiderer, Joachim und Ebermann, Hans-Joachim (Hg): Human Factors im Cockpit, Praxis sicheren Handelns im Cockpit, S. 74

60 Der damalige stellvertretende Chefredakteur von ARD aktuell, Thomas Hinrichs, hat die Fehlerkette in einem Blogbeitrag bei tagesschau.de im Juni 2008 öffentlich gemacht. Der Eintrag ist nicht mehr online abrufbar, wurde aber in vielen Medien zitiert.

61 https://www.dwdl.de/nachrichten/67717/rtl_aktuell_sendet_vier_tage_alte_wettervorhersage/, https://www.morgenpost.de/berlin/article209101721/Tagesschau-erklaert-Berlinerin-Kim-Fisher-fuer-tot.html, https://www.derwesten.de/panorama/heute-journal-zdf-claus-kleber-patzer-id215703617.html, alle abgerufen am 18. Dezember 2018

62 https://www.zdf.de/nachrichten/heute/korrekturen-104.html, abgerufen am 14. Dezember 2018

63 https://www.aerztezeitung.de/panorama/article/972979/falsche-aerzte-hochstapler-weissen-kittel.html, abgerufen am 20. Dezember 2018

64 http://www.spiegel.de/spiegel/print/index-2018-52.html

65 https://www.nytimes.com/2017/01/18/us/fake-news-hillary-clinton-cameron-harris.html, abgerufen am 18. Dezember 2018

DANKSAGUNG

Liebe Sabine, lieber Ralph, lieber Ecki! Dieses Buch darf nicht enden, ohne dass ich Danke sage: Für euren kritischen Blick. Eure sachlichen Einwände. Und vor allem: für eure Freundschaft.

Und Andi: Ohne dich, deine Liebe und deinen Humor hätte ich dieses Buch in dieser Zeit nicht schreiben können.

Friedrichstraße 9, 80801 München

Textlektorat: Petra Bachmann

Die Autorin wird vertreten durch die
Autoren- und Projektagentur Gerd F. Rumler

ISBN 978-3-8458-3240-1

www.arsedition.de

MIX
Papier aus verantwortungsvollen Quellen
FSC® C002795

Bildnachweis

Illustrationen: Dunja Schnabel

Weitere Illustrationen und Fotos:
© stock.adobe.com: agrus, Alexander Limbach, Alterfalter, Anatoliy, andreysha74, Andrii Symonenko, art4stock, artinspiring, artyway, backup16, bluemoon1981, cat027, CHAIYAPHON, chamnan phanthong, chrupka, Cobalt, Comauthor, dacianlogan, Elegant Solution, elenabsl, Fayee, Good Studio, Handini_Atmodiwiryo, Hollygraphic, iiierlok_xolms, imdproduction, Jane Kelly, jivapira, Julien Eichinger, kameonline, kyuree, lightgirl, magele-picture, Maksim, MicroOne, mix3r, Nadezhda Pakhomova, natashapankina, NotjungCG, Nurul, olllikeballoon, oxinoxi, PRANGKUL, phochi, picoStudio, pingebat, pukach2012, Rachael Arnott, Rassco, Rawpixel.com, Reservoir Dots, robu_s, rvika, sabdesign85, schlaumal, soponyono, stas111, stockphoto mania, Tartila, teploleta, thruer, vladwel, warmworld, wenchiawang, wellphoto, Yana Alisovna, Yuliia, Zefir, Zerbor

S. 20: Picture alliance (Ingo Zamperoni),
S. 61: Picture alliance/AP Photo (Malala Yousafzai)